marabout**chef**

21 jours pour mincir

21 jours pour mincir

jour
1

jour
2

jour
4

jour
5

jour
7

jour
8

jour
10

jour
11

jour
13

jour
14

jour
16

jour
17

jour
19

jour
20

votre coach minceur, repas par repas

LES AUTEURS	4	LISTE DES COURSES	114
LES 10 ÉTAPES DU SUCCÈS	6	GLOSSAIRE	116
JOURS 1 À 21	18	INDEX	118

Les testeuses

Pamela Clark, directrice culinaire, et Sarah Schwikkard, responsable éditoriale des recettes, ont décidé d'entreprendre ce régime de 21 jours pour affiner leur silhouette avant l'été.

Prise entre ses diverses responsabilités, les réunions et les tests culinaires, Pamela a des journées de travail très chargées. Elle partage ses week-ends entre sa famille et ses amis, le jardinage et les nombreuses corvées domestiques. Un tel emploi du temps ne lui laisse guère le loisir de se soucier de diététique. Mais Pamela ressentait le besoin de prendre soin d'elle et un projet de livre de recettes pour mincir lui a offert la possibilité d'y répondre.

Sarah, quant à elle, a décidé qu'il était grand temps d'éliminer les petits bourrelets accumulés en testant les recettes pour leur magazine et de changer ses habitudes alimentaires (elle adore les sucreries et le champagne). Pour quelqu'un qui grignote en permanence, l'idée de prendre 3 repas par jour représentait un véritable défi. Elle a dû renoncer aux excès le week-end avec ses amis, dans les cafés ou autour de bons plats. Elle a finalement compris que son problème de poids venait de son manque de discipline et qu'elle devait apprendre une fois pour toutes à restreindre ses envies de sucreries.

Pamela a perdu 5,5 kg pendant les 21 jours, et Sarah 5 kg. Le régime leur a paru si facile à suivre qu'elles ont recommencé toutes les deux, de nouveau avec succès. Nos deux testeuses sont désormais satisfaites de leur silhouette et elles se sentent en pleine forme.

Créé par l'Organisation mondiale de la santé, l'indice de masse corporelle (IMC) est une formule utilisée par les médecins du monde entier pour mesurer les risques de maladies associés au poids. Il est calculé en divisant le poids d'une personne en kilos par sa taille en mètres au carré. À titre d'exemple, une personne qui pèse 70 kg et mesure 1,70 m a un IMC de 24, c'est-à-dire correct. Un IMC de 25 à 29 est considéré comme du surpoids ; un IMC supérieur à 30, comme de l'obésité.

Un régime alimentaire à la fois sain, équilibré, peu calorique et savoureux, c'est possible ! Ce régime doit son succès à sa faible teneur en matières grasses (lipides) : moins de 20 g par jour, alors que la plupart des personnes en consomment entre 50 et 60 g. Que vous souhaitiez perdre du poids pour des raisons médicales ou pour votre bien-être, ce régime est fait pour vous ! Cependant, avant de commencer tout régime, il est recommandé d'en parler à votre médecin traitant qui pourra vous suivre et vous conseiller au fil des semaines.

Attention aux matières grasses !

Notre corps a besoin de matières grasses. Mais pour limiter les risques de surpoids ou même d'obésité, il est essentiel que nous apprenions à différencier les « bonnes » graisses des « mauvaises ». Les acides gras dits « saturés » et « trans » sont considérés comme de « mauvaises » graisses. Présentes en grandes quantités dans les viandes grasses, les produits industriels et les plats préparés, elles augmentent les risques cardio-vasculaires et élèvent le taux de cholestérol. Les « bonnes » graisses, telles les graisses polyinsaturées et mono-insaturées, sont présentes dans certaines huiles (tournesol, olive, colza, noix), dans les poissons gras comme le thon et le saumon, les graines oléagineuses et les viandes maigres. Ces graisses contribuent à la baisse du taux de cholestérol et réduisent les risques cardio-vasculaires.

21 jours de discipline

Si Pamela et Sarah ont réussi à suivre ce régime, chacun de nous peut y parvenir. Les recettes, faciles, se préparent avec des ingrédients courants et peu onéreux. Et comme « faire un régime » ne signifie pas s'abstenir de manger, nous avons prévu 3 repas par jour, complétés de 2 en-cas. Vous maigrirez ainsi sans éprouver de sensation de faim et vous ne reprendrez pas les kilos perdus.

Les **10** clés de la réussite

1 Motivation

2 Organisation

3 **Activité physique**

4 Eau

5 Peser et se peser

6 **Sommeil**

7 Occasions spéciales

8 Soutien

9 **Courses**

10 Stabilisation

1 Motivation

Êtes-vous prêt(e) à perdre du poids ?

Pour changer ses habitudes alimentaires, il est essentiel de se préparer mentalement. Vous devez déterminer au préalable les raisons pour lesquelles vous souhaitez perdre du poids et surtout, savoir pour qui (la réponse doit être vous-même). La motivation est la condition *sine qua non* de la réussite.

Clarifiez vos idées

Si vous ressentez le besoin de maigrir, que ce soit parce que vous ne rentrez plus dans vos vêtements, parce que vous vous essouflez en montant les escaliers, ou que vous ne supportez plus de vous voir en photo, il est temps de passer à l'action. Dressez une liste de ce qui vous plaît dans votre corps et une liste de ce qui vous déplaît. Vous envisagerez plus clairement votre problème de surpoids et vous entreprendrez le régime avec davantage de détermination.

Fixez-vous un objectif

Peut-être souhaitez-vous porter de nouveau une robe que vous adorez et que vous ne pouvez plus enfiler, ou affiner vos jambes pour pouvoir vous mettre en short. En définissant un objectif, vous savez quel résultat vous devez vous efforcer d'atteindre. Notez-le sur un morceau de papier et collez-le dans un endroit bien visible – sur votre ordinateur ou le miroir de votre salle de bains, par exemple. Chaque fois que vous le verrez, il renforcera votre motivation et vous rappellera pour quelle(s) raison(s) vous avez décidé de suivre ce régime… Mais avant tout, c'est pour vous !

> À propos du régime
> *Ce régime s'inspire de la pyramide alimentaire de Harvard, représentant les proportions idéales des différents types d'aliments pour parvenir à une alimentation équilibrée. Sain et fiable, il apportera chaque jour 1 000 kcal à votre corps.*
> *Conçu pour 2 personnes, il comprend 3 repas par jour à partager et 2 en-cas prévus par personne.*

2 Organisation

Provisions

Si vous n'avez pas dans vos réserves d'aliments très caloriques comme les sucreries, vous ne serez pas tenté(e) d'en consommer. Remplissez votre réfrigérateur, votre congélateur et votre placard à épicerie de produits sains. Ainsi, en cas de petit creux à l'estomac à un moment ou un autre de la journée, vous le comblerez avec une carotte crue plutôt que de « craquer » pour du chocolat, des biscuits ou des cacahuètes.

Organisez-vous

La motivation ne suffit pas. De l'organisation est indispensable pour mener à bien ce régime. C'est la meilleure manière d'éviter les dérapages. À titre d'exemple, si vous savez que le lundi est une journée très chargée pour vous, préparez le dîner du lundi le dimanche soir et mettez-le au réfrigérateur ou au congélateur. Ainsi, même si vous rentrez du travail épuisé(e) et affamé(e) ce jour-là, vous ne vous précipiterez pas sur le téléphone pour commander une pizza. Simplifiez-vous la vie en partageant vos menus avec les membres de votre famille ; ils se feront certainement un plaisir de goûter à la salade de thon prévue pour le déjeuner. Il suffit d'augmenter les quantités indiquées dans les recettes ; vous réduirez ainsi le temps passé à la préparation des repas.

Souplesse

Sentez-vous libre de déplacer les menus en fonction de vos envies ou des contraintes que vous pouvez avoir. Si, pour une raison ou une autre, vous préférez préparer le jour 6 le menu du jour 11, n'hésitez pas à les intervertir. Même chose pour les en-cas. Le régime vous paraîtra ainsi moins contraignant.

3 Activité physique

Bougez !

L'exercice physique contribue à part entière à la perte de poids. Il n'est pas question de courir des marathons, mais de pratiquer une activité sportive douce et régulière. L'exercice favorise l'amaigrissement et muscle le corps, mais il participe aussi à la sensation de bien-être. En effet, pendant la pratique d'une activité physique, le cerveau libère de l'endorphine, la « molécule du bonheur ». Vous disposez ainsi d'un moyen pratique, facile et bon marché d'évacuer le stress et de recharger vos batteries, si vous avez eu une journée difficile ou si vous vous sentez d'humeur morose.

Trouvez du temps pour faire de l'exercice

Matin, midi ou soir, tous les moments de la journée sont bons pour la pratique de l'exercice physique. Si vous ne faites pas partie des lève-tôt, choisissez le coucher du soleil pour promener votre chien. Si vous travaillez tard le soir, levez-vous une demi-heure plus tôt le matin pour bouger un peu. L'heure du déjeuner peut également être mise à profit ; plutôt que de déjeuner dans votre bureau, allez pique-niquer dans un parc ; vous marcherez en prenant l'air. Enfin, profitez des week-ends pour vous dépenser ; au lieu de retrouver vos amis au café ou au restaurant, proposez-leur de partager avec vous des activités sportives, même de simples promenades à pied.

Exercice ponctuel

Les occasions sont nombreuses, dans la journée, de faire de l'exercice de manière informelle, non programmée, et elles contribueront elles aussi à votre amaigrissement. Pensez par exemple à prendre les escaliers au lieu de l'ascenseur, garez votre voiture à quelque distance des commerces ou, mieux encore, laissez-la chez vous et faites vos courses à pied.

4 Eau

Hydratez-vous

Il est important de bien hydrater son corps pendant le régime. Un apport d'eau insuffisant peut avoir des effets néfastes : en dehors du cas le plus grave, la déshydratation, un manque d'eau risque d'entraîner de la fatigue et de provoquer des maux de tête. Buvez au moins 2 litres d'eau par jour pour garder la forme.

Les bienfaits de l'eau

Sachez aussi qu'une bonne hydratation donne de l'éclat à la peau, aux cheveux et aux yeux. Les personnes qui boivent beaucoup d'eau ont généralement le teint frais, les cheveux brillants et les yeux étincelants.

5 Peser et se peser

Respectez les quantités

Les quantités figurant dans les recettes ont été calculées avec précision, et les recettes testées 3 fois. Il est donc important de respecter scrupuleusement les quantités indiquées, de manière que les menus vous fournissent l'apport nutritionnel prévu. Investissez dans une balance de cuisine si vous n'en avez pas. Elle vous sera indispensable pour peser la viande, la volaille, le poisson et les fruits de mer.

Vous pouvez utiliser librement les herbes, les épices, la moutarde ou le piment, car ils sont pauvres en matières grasses et peu caloriques. En revanche, faites preuve de parcimonie pour huiler les instruments de cuisson.

Ne soyez pas obsédé(e) par la balance !

Évitez de vous peser tous les jours ; vous n'aurez pas une idée précise de votre amaigrissement. Une fois par semaine suffit. Prenez soin de vous peser chaque fois au même moment de la journée, par exemple à 7 heures du matin le lundi, et de préférence nu(e).

6 Sommeil

De l'importance du sommeil

Il est essentiel de prendre soin de son corps pendant un régime, et cette sollicitude englobe le sommeil. Si vous en manquez, vos réserves d'énergie s'épuisent et vous avez du mal à vaquer à vos occupations pendant la journée. Pour préserver votre énergie et votre bonne humeur, dormez au moins 8 heures par nuit. Vous éviterez ainsi les traits tirés ou les cernes sous les yeux. Une bonne nuit de sommeil est également indispensable pour permettre à l'organisme de se régénérer. Car il travaille sans arrêt, transformant les nutriments qu'il trouve dans la nourriture pour renforcer les muscles.

Maigrissez en dormant

Si le sommeil recharge le corps en énergie, il favorise aussi la perte de poids. En effet, pendant que vous dormez, votre corps brûle des calories : en moyenne 0,9 kcal par minute. Vous n'avez donc plus d'excuses pour négliger votre sommeil !

Fini les ronflements

Le ronflement et l'apnée du sommeil touchent les hommes et les femmes, mais en priorité les hommes d'âge moyen en surpoids. L'alcool, la caféine, le manque de sommeil et les dîners trop copieux sont les principaux facteurs responsables de ces dysfonctionnements.

Apprenez à vous détendre

Beaucoup de personnes ont du mal à s'endormir au terme d'une journée surchargée et stressante. En vous détendant avant de vous coucher, vous sombrerez plus facilement dans le sommeil et vous passerez une meilleure nuit. Buvez des tisanes et faites brûler des huiles essentielles dans votre chambre. Rien de tel que de s'endormir dans un environnement apaisant pour se réveiller en pleine forme ; vous affronterez ainsi mieux la nouvelle journée.

7 Occasions spéciales

Élaborez des stratégies

Vacances, anniversaires, déjeuners d'affaires, dîners entre amis… Les occasions ne manquent pas de faire des écarts ou des excès. Pourtant, suivre un régime ne signifie pas que vous devez renoncer à toute vie sociale. Vous devez simplement avoir recours à des stratégies, en faisant preuve de discrétion, bien sûr. Si vous dînez au restaurant, privilégiez les viandes et les poissons grillés, ou demandez au serveur de remplacer les frites par des légumes.

Apprenez à résister

Les grignotages et douceurs superflues sont à exclure pendant le régime. Évitez à tout prix les gâteaux d'apéritif, le pain, les pâtisseries et les glaces. Riches en sucres et en matières grasses, ces aliments ne procurent que des satisfactions éphémères. Savourez les plats que vous préparez pour vos repas, plutôt que de vous remplir l'estomac avec des denrées superflues et très caloriques.

À consommer avec modération

Si vous ne pouvez pas refuser un verre de vin, savourez-le par petites gorgées plutôt que d'enfiler plusieurs verres d'un seul trait, les uns après les autres. À la bière, très calorique, préférez du vin blanc sec ou du champagne. La meilleure solution reste néanmoins l'eau. L'eau gazeuse change agréablement de l'eau plate et elle est beaucoup moins onéreuse que l'alcool.

Faites-vous plaisir !

Ce régime n'a pas pour but d'engendrer des frustrations ni un quelconque sentiment de culpabilité. Il se peut que vous ayez des envies soudaines de chocolat, et si le gâteau d'anniversaire que vous êtes invité(e) à partager vous semble irrésistible, ne vous refusez pas le plaisir d'accepter une petite part. Il vous faudra simplement compenser ce surplus de calories par un peu plus d'exercice physique.

À propos du régime

Vous pouvez consommer le muesli au son et aux airelles (page 32) tous les jours au petit déjeuner au lieu de suivre les suggestions données pour chaque jour.

Vous pouvez remplacer les menus d'une journée par ceux d'une autre, selon vos envies, mais évitez de mélanger les déjeuners et les dîners de deux journées différentes.

Rien ne vous empêche d'intervertir le déjeuner et le dîner d'une même journée.

---

8 Soutien

> **À propos du régime**
> *Si la personne qui partage vos repas n'a pas besoin de perdre du poids, elle peut ajouter des protéines et des glucides dans les menus.*

Échangez vos impressions

Le régime est plus facile à suivre si vous vous sentez soutenu(e) par votre entourage. Qu'il s'agisse de la personne qui vit avec vous, de votre voisine ou de collègues de travail, leur oreille attentive et leurs paroles réconfortantes seront une aide précieuse pendant la durée du régime. Vous connaîtrez probablement des moments d'enthousiasme, mais aussi de découragement. En parlant de vos difficultés avec d'autres personnes, vous éliminerez le stress ou les doutes que vous pourrez avoir. Si vous avez du mal à vous discipliner, elles pourront aussi vous aider à reprendre vos bonnes habitudes.

Soyez positif(ve) !

La pensée positive permet d'atteindre plus facilement les objectifs que l'on se fixe et elle peut être mise à profit dans ce régime. Abordez-le dans un bon état d'esprit : envisagez ces 21 jours comme une expérience à part, qui ne peut être que bénéfique pour vous. Vous êtes résolu(e) à changer votre mode de vie pour mincir : soyez fier(e) de votre décision et ayez confiance en vous ; vous parviendrez à votre résultat. Ne vous laissez surtout pas déstabiliser par les remarques négatives qui peuvent vous être adressées.

Écrivez un journal de bord

Rédiger un journal est une manière de se responsabiliser, en étant face à soi-même. Vous pourrez y noter chaque jour toutes sortes de commentaires et de réflexions : les menus vous ont-ils plu ? avez-vous fait de l'exercice ? comment vous sentez-vous ? N'oubliez pas, bien sûr, d'inscrire votre poids une fois par semaine. Vous pourrez vous amuser à feuilleter votre journal pour constater les progrès accomplis.

9 Courses

Liste des courses

La meilleure manière de faire ses courses au supermarché est de dresser une liste au préalable, et de s'y tenir. Nous nous sommes efforcées de choisir des ingrédients courants, faciles à trouver. En vous limitant à votre liste, vous ne serez pas tenté(e) de faire un détour par les rayons qui vous sont déconseillés. Vous gagnerez du temps et de l'argent.

Faites vos courses l'estomac plein

Ne faites pas les courses avec un creux à l'estomac. Si vous avez faim, vous aurez davantage de mal à résister aux tentations que vous devez éviter.

Informations nutritionnelles

Habituez-vous à lire l'analyse nutritionnelle figurant sur les emballages des produits pour connaître leur composition. Vous obtiendrez toutes les informations nécessaires : nombre de calories, protéines, lipides, acides gras saturés, glucides, sucre et sodium. Méfiez-vous des mentions « allégé », « basses calories » ou « pauvre en sodium » sur les emballages ; il s'agit souvent de stratégies de marketing destinées à piéger les consommateurs ignorants.

Prenez votre temps

Dans la mesure du possible, évitez les moments d'affluence pour faire vos courses, par exemple le samedi matin ou les soirs de la semaine. Choisissez des créneaux horaires adaptés pour remplir tranquillement votre Caddie, sans devoir prendre de décisions hâtives.

10 Stabilisation

Encore un effort !

Une fois que vous avez atteint votre poids idéal, vous devez encore fournir quelques efforts. Après avoir suivi le régime pendant 21 jours, rigoureusement et avec succès, il ne s'agit pas de perdre les bénéfices acquis. Identifiez vos points faibles, que ce soient les pizzas, le chocolat ou l'alcool, et continuez à résister à vos compulsions.

Augmentez les calories

Lorsque vous avez terminé le régime, pour stabiliser votre poids, vous pouvez augmenter l'apport calorique, mais en continuant à pratiquer une activité physique.

Contrôlez vos émotions

Mangez avec plaisir, mais ne mangez pas pour vous faire plaisir ! Évitez de compenser un déséquilibre émotionnel par la nourriture, en mangeant davantage que nécessaire ou en « craquant » sur des aliments qui vous sont déconseillés. Sinon, vous aurez du mal à maintenir votre poids. Dès que vous vous sentez perturbé(e), faites de l'exercice et prenez l'air.

Démarrez la journée du bon pied

Une fois le régime terminé, continuez à prendre des petits déjeuners copieux. Vous stabiliserez plus facilement votre poids avec 3 repas nourrissants par jour. Si vous n'avez pas le temps ou l'envie de cuisiner tous les matins, préparez le muesli au son et aux airelles (voir recette page 32) en grandes quantités. Ainsi, vous ne serez jamais pris(e) au dépourvu.

Félicitez-vous !

N'oubliez pas que c'est pour vous que vous suivez ce régime. Réjouissez-vous d'avoir pris cette initiative et décidé d'améliorer votre vie.

Jour 1

Menu :

melon au yaourt et au citron vert | rouleau de poulet aux crudités | côtes d'agneau épicées à la courge et à la coriandre

PETIT DÉJEUNER

Melon au yaourt et au citron vert

préparation 10 minutes • **pour 2 personnes**
par portion 0,8 g de lipides (dont 0,1 g d'acides gras saturés) ; 137 kcal ; 25,4 g de glucides ; 5,3 g de protéines ; 2,6 g de fibres

200 g de melon charentais coupé en deux
200 g de melon vert coupé en deux
200 g de pastèque coupée en quatre
2 c. à s. de jus de citron vert
140 g de yaourt aux fruits allégé

Arrosez les melons et la pastèque avec le jus de citron vert, puis servez avec le yaourt.

Journal de Sarah

Je me suis levée ce matin très motivée pour commencer le régime. Le petit déjeuner m'a comblée, mais j'étais bien contente de voir arriver l'heure du déjeuner ; il m'a rappelé des souvenirs d'enfance. J'ai réussi à passer la journée sans ouvrir la boîte à biscuits (une première !). J'espère rester aussi motivée et disciplinée pendant la suite du régime.

Journal de Pamela

J'ai souvent du mal à démarrer un régime ; il me faut bien 3 jours pour changer mes habitudes. Le premier jour, je passe par toutes sortes d'états d'âme, l'enthousiasme faisant rapidement place au doute. J'ai toujours tendance à repousser l'échéance : pourquoi ne pas commencer demain seulement, ou même la semaine prochaine ? Mais cette fois-ci, c'est parti !

EN-CAS *1 petit poivron rouge avec 1 cuillerée à soupe de fromage frais allégé*

1 petite pomme

Libre à vous de choisir le parfum pour le yaourt. Le fruit de la passion s'accorde à merveille avec le melon et la pastèque, deux fruits très sains. Excellents pour le transit intestinal, ils sont aussi remplis d'eau (bon pour l'hydratation du corps) et de minéraux.

Rouleaux de poulet aux crudités

préparation 10 minutes
cuisson 15 minutes • **pour 2 personnes**
par portion 3,8 g de lipides (dont 0,7 g d'acides
gras saturés) ; 223 kcal ; 17,9 g de glucides ;
27,4 g de protéines ; 3,2 g de fibres

huile végétale en spray
200 g de blancs de poulet
1 c. à s. de yaourt nature allégé
1 c. à c. de moutarde de Dijon
2 pains lavash (60 g)
20 g de pousses d'épinard
1 petite tomate (90 g) coupée en fines rondelles
1 petite carotte (70 g) râpée grossièrement

Si vous faites partie de ceux
qui n'aiment pas le poivron cru,
choisissez une autre suggestion
dans ce livre. Vous pouvez préparer
les rouleaux le matin pour les
emporter au travail et remplacer
les pousses d'épinard par n'importe
quel autre légume-feuilles.

1 Huilez et faites chauffer une petite poêle, puis faites
cuire le poulet. Laissez-le refroidir avant de le détailler
en lamelles.

2 Mélangez le poulet avec le yaourt et la moutarde
dans un saladier.

3 Répartissez la préparation sur les lavash. Couvrez
avec les légumes et enroulez les lavash pour enfermer
la garniture.

Côtes d'agneau épicées à la courge et à la coriandre

préparation 15 minutes
cuisson 15 minutes • **pour 2 personnes**
par portion 3 g de lipides (dont 5,7 g d'acides gras saturés) ; 234 kcal ; 16,6 g de glucides ; 18,2 g de protéines ; 5,4 g de fibres

200 g de chair de courge butternut coupée en dés de 1 cm de côté

125 g de pois chiches en conserve, rincés et égouttés

60 g de petits pois surgelés

2 c. à s. de feuilles de coriandre

4 côtes d'agneau dégraissées (200 g)

2 c. à c. de curry doux en poudre

huile végétale en spray

80 ml de lait de coco allégé

2 c. à s. de bouillon de volaille

1 gousse d'ail pilée

1 → Préchauffez le four à 200 °C.

2 → Faites cuire la courge 10 minutes à découvert, dans un petit plat à four. Ajoutez les pois chiches et les petits pois, puis prolongez la cuisson de 5 minutes, toujours à découvert. Sortez la préparation du four et parsemez-la de coriandre.

3 → Pendant ce temps, saupoudrez les côtes d'agneau de curry. Huilez une poêle et faites-la chauffer. Faites cuire l'agneau puis retirez-le de la poêle.

4 → Mettez le lait de coco, le bouillon et l'ail dans la poêle. Portez à ébullition, en remuant, puis retirez la sauce du feu.

5 → Pour servir, arrosez l'agneau et les légumes de sauce.

Vous pouvez utiliser du curry doux ou fort, selon votre goût. Congelez les restes de lait de coco dans des récipients pour un usage ultérieur.

Jour 2

Menu

tartine de seigle au maïs et au fromage | salade niçoise | chili con carne

PETIT DÉJEUNER

Tartine de seigle au maïs et au fromage

préparation 5 minutes
cuisson 15 minutes • **pour 2 personnes**
par portion 4,4 g de lipides (dont 1,7 g d'acides
gras saturés) ; 268 kcal ; 42,2 g de glucides ;
10,6 g de protéines ; 7,2 g de fibres

310 g de maïs en conserve, rincé et égoutté
2 c. à s. de ricotta allégée
40 g de pousses d'épinard
2 tranches de pain de seigle (90 g), grillées

1 → Faites chauffer le maïs 30 secondes au micro-ondes
à puissance maximale, puis mélangez-le à la ricotta
et aux pousses d'épinard.
2 → Garnissez les tranches de pain de préparation au maïs
et servez aussitôt.

Journal de Sarah
*Je me suis levée très tôt pour
marcher et je ne m'attendais
pas à rencontrer tant de monde
(et de chiens) à une heure
si matinale. Le petit déjeuner,
rapide à préparer, était formidable
(j'adore le maïs !). L'exercice
physique a probablement activé
mon métabolisme, car j'ai dévoré
le déjeuner en un rien de temps.
J'ai dîné en regardant le journal
télévisé. Mes colocs ont été très
surprises (peut-être même vexées)
que je refuse leur proposition
de gâteau au chocolat au dessert.*

Journal de Pamela
*M'étant levée avec un creux
à l'estomac, je n'ai pas eu
le courage de sortir marcher.
Je dois avouer que j'ai pris
un petit verre de vin blanc hier
soir, pendant le repas en famille.
Les 3 repas de la journée m'ont
bien rempli l'estomac, mais
j'ai aussi dû tester plusieurs
préparations au travail ; ce n'est
pas vraiment compatible avec
le régime !*

Pour cette préparation, grillez les tranches de pain d'un seul côté.

Salade niçoise

préparation 5 minutes
cuisson 10 minutes • **pour 2 personnes**
par portion 2,5 g de lipides (dont 2,4 g d'acides gras saturés) ; 275 kcal ; 18,9 de glucides ; 30,7 g de protéines ; 3,9 g de fibres

6 petites pommes de terre (240 g)
100 g de haricots verts, équeutés et coupés en deux
2 c. à s. de yaourt nature allégé
1 c. à c. de zeste de citron finement râpé
2 c. à c. de jus de citron
185 g de thon en conserve, égoutté et émietté
3 ciboules émincées
1 c. à s. de persil plat ciselé
2 œufs durs coupés en deux

1 →Faites cuire séparément les pommes de terre et les haricots verts à l'eau, à la vapeur ou au micro-ondes. Égouttez-les, puis laissez-les refroidir.
2 →Pendant ce temps, préparez l'assaisonnement : mélangez le yaourt avec le zeste et le jus de citron, dans un saladier.
3 →Coupez les pommes de terre en quatre. Ajoutez-les dans le saladier avec le thon, les ciboules et le persil. Remuez et garnissez avec les moitiés d'œufs.

EN-CAS   *1 petite banane*

Si vous faites cuire les pommes de terre au micro-ondes, pensez à les piquer à la fourchette. Vous pouvez préparer la salade la veille et la conserver au réfrigérateur.

Chili con carne

préparation 10 minutes
cuisson 30 minutes • **pour 2 personnes**
par portion 7,9 g de lipides (dont 2,9 g d'acides gras saturés) ; 378 kcal ; 43,5 g de glucides ; 28,6 g de protéines ; 8,3 g de fibres

EN-CAS *200 g de melon charentais*

65 g de riz brun
huile végétale en spray
1 petit oignon jaune (80 g) finement haché
1 gousse d'ail pilée
180 g de bœuf haché maigre
1 c. à c. de cumin en poudre
1 c. à c. de flocons de piment
400 g de chair de tomate en conserve
2 c. à s. de concentré de tomate
125 ml de bouillon de bœuf
125 g de haricots blancs ou rouges en conserve, rincés et égouttés
2 c. à s. de yaourt nature allégé
1 c. à s. de persil plat ciselé

1 Faites cuire le riz dans une casserole d'eau bouillante, puis égouttez-le.
2 Pendant ce temps, huilez et chauffez une poêle et faites-y revenir l'oignon et l'ail. Incorporez le bœuf avec le cumin et les flocons de piment et laissez cuire jusqu'à ce que la viande soit dorée.
3 Ajoutez la chair de tomate, le concentré de tomate et le bouillon. Portez à ébullition, puis laissez frémir 10 minutes à couvert. Prolongez la cuisson de 10 minutes à découvert pour laisser épaissir la sauce. Incorporez les haricots.
4 Servez le riz et le chili con carne avec le yaourt. Décorez de persil.

Voici une recette idéale à préparer en grandes quantités
(autant le riz que le chili con carne). Vous pourrez congeler le reste
en le fractionnant en portions. Congelez également les restes
de bouillon et de concentré de tomate.

Jour 3

Menu

lassi de mangue | sandwich de rosbif au coleslaw | poisson au sumac et salade de couscous

PETIT DÉJEUNER

Lassi de mangue

préparation 10 minutes • **pour 2 personnes**
par portion 3 g de lipides (dont 1,7 g d'acides
gras saturés) ; 203 kcal ; 32,6 g de glucides ;
9,6 g de protéines ; 2,3 g de fibres

1 mangue moyenne (430 g), pelée
et hachée grossièrement
250 ml de lait fermenté
95 g de yaourt aux fruits allégé
2 c. à s. de jus de citron vert

Mixez les ingrédients dans un blender jusqu'à obtention
d'une préparation onctueuse.

Journal de Sarah

*C'est une véritable épreuve
d'essayer de renoncer à ma
tasse de café au bar le matin ;
je n'imaginais pas à quel point
j'étais dépendante de la caféine
pour me réveiller.
Heureusement, le lassi
de mangue était un vrai délice.
J'ai bien aimé le sandwich ;
j'ai cuit moi-même le rosbif, car
je n'aime pas l'acheter tout prêt.
Le dîner était très nourrissant ;
comme il faisait encore beau
lorsque je suis rentrée du travail,
j'ai cuit le poisson au barbecue.
Mais j'aurais bien apprécié
un petit verre de vin en
accompagnement.*

Journal de Pamela

*Encore des tests aujourd'hui,
et qui plus est, avec du chocolat ;
mais j'ai été très raisonnable !
Je dois avouer aussi que
je n'ai pas respecté la consigne
recommandant de ne se peser
qu'une fois par semaine. J'avais
l'impression que ma jupe était
un peu moins serrée que
d'habitude et, à mon grand
plaisir, j'ai vu que j'avais perdu
600 g en 2 jours, malgré le verre
de vin et les tests. Je sais qu'on
ne doit pas trop se fier à la
balance quand on se pèse
souvent, mais c'est certain
que j'ai perdu du poids.*

EN-CAS

*2 galettes de maïs soufflé
avec ½ petite tomate
en morceaux*

1 petite poire

Choisissez une mangue mûre à point
et remplacez le yaourt par du lait fermenté,
si vous le souhaitez.

Sandwich de rosbif au coleslaw

préparation 10 minutes • **pour 2 personnes**
par portion 9,8 g de matières grasses (dont 2,6 g
d'acides gras saturés) ; 415 kcal ; 51,1 g de glucides ;
25 g de protéines ; 9,7 g de fibres

80 g de chou détaillé en lanières
1 petite carotte (70 g) râpée grossièrement
2 ciboules finement hachées
75 g de mayonnaise allégée
1 c. à s. de jus de citron
4 tranches de rosbif saignant (120 g)
4 tranches de pain de seigle (180 g)

Utilisez le chou de votre choix ;
le wombok, variété chinoise,
se détaille facilement en lanières.
Vous pouvez acheter le rosbif
cuit chez le boucher. Préparez
le coleslaw la veille et assemblez
le sandwich au dernier moment

1 Mélangez le chou, la carotte, les ciboules, la mayonnaise et le jus de citron dans un saladier.
2 Posez 2 tranches de rosbif sur 2 tranches de pain. Garnissez avec le coleslaw et couvrez avec le reste de pain.

Poisson au sumac et salade de couscous

préparation 10 minutes
cuisson 20 minutes • **pour 2 personnes**
par portion 5,6 g de lipides (dont 1,4 g d'acides gras saturés) ; 416 kcal ; 45,4 g de glucides ; 42,4 g de protéines ; 5,2 g de fibres

Choisissez un poisson à chair ferme et bien frais. Le sumac est une épice du Moyen-Orient, à la saveur acidulée. Si vous ne la trouvez pas dans le commerce, laissez-la de côté.

huile végétale en spray
1 petit oignon rouge (100 g) finement haché
1 gousse d'ail pilée
2 petites courgettes (180 g) émincées en biais
125 g de tomates cerises ou en grappes
1 c. à s. de menthe ciselée
125 ml de bouillon de légumes
100 g de couscous
320 g de filets de poisson blanc
à chair ferme
2 c. à c. de sumac
1 citron

1 Faites revenir l'oignon et l'ail pendant 1 minute dans une poêle huilée et chauffée. Ajoutez les courgettes, les tomates, et poursuivez la cuisson pendant 10 minutes. Retirez la poêle du feu et incorporez la menthe.

2 Portez le bouillon à ébullition dans une petite casserole. Retirez du feu, versez le couscous et laissez-le gonfler 5 minutes. Mélangez-le avec la préparation aux courgettes.

3 Pendant ce temps, préchauffez le gril. Saupoudrez le poisson du sumac et faites-le cuire, en le retournant une fois.

4 Pour servir, dressez le poisson sur le couscous et ajoutez des quartiers de citron.

Jour 4

Menu

muesli au son et aux airelles | salade de thon et de patate douce à l'orange | salade chaude de poulet tandoori

Muesli au son et aux airelles

préparation 5 minutes • **pour 2 personnes**
par portion 1,7 g de lipides (dont 0,4 g d'acides gras saturés) ; 145 kcal ; 24 g de glucides ; 6 g de protéines ; 4,5 g de fibres

Vous pouvez remplacer les airelles séchées par des raisins secs.

90 g de flocons d'avoine
55 g d'All-Bran
35 g d'airelles séchées
150 ml de lait écrémé
75 g de myrtilles fraîches

1→Pour préparer le muesli, mélangez les flocons d'avoine, le son et les airelles dans un petit saladier.
2→Mettez 30 g de muesli dans chaque bol. Ajoutez le lait et les myrtilles.Gardez le reste de muesli dans un récipient hermétique pour le jour 12 et le jour 20.

Journal de Sarah

Pour la première fois de ma vie, j'ai goûté au All-Bran ce matin ; je me suis toujours débrouillée pour l'éviter, mais en fait, ce n'est pas mauvais du tout ! N'ayant pas trouvé de myrtilles fraîches, j'ai utilisé des myrtilles surgelées. Pour tester les recettes aujourd'hui à la cuisine, j'ai remplacé la cuillère à dessert par une cuillère à café ! J'ai préparé le déjeuner rapidement hier soir et je l'ai bien apprécié aujourd'hui. Après le travail, j'ai retrouvé des amis au café, mais j'ai opté pour de l'eau minérale plutôt que pour un verre de vin.

Journal de Pamela

Je n'éprouve aucune sensation de faim ; pourtant, j'ai marché ce matin. J'ai beaucoup aimé le petit déjeuner et le déjeuner, mais pas autant le poulet tandoori, au dîner (entre-temps, nous avons amélioré la recette !). Hier soir, je me suis contentée d'une olive et d'une feuille de vigne farcie chez des amis ; la semaine dernière, j'aurais englouti au moins 6 olives et je ne sais combien de dolmades. C'est étonnant comme le corps prend vite de bonnes habitudes !

EN-CAS

1 petite carotte

125 g de fraises

Cette recette est conçue pour 6 portions. Lorsque nos suggestions de petit déjeuner ne vous conviennent pas, remplacez-les par ce muesli. Vous pouvez le préparer en grandes quantités et le conserver au réfrigérateur dans un récipient hermétique.

Salade de thon et de patate douce à l'orange

préparation 20 minutes + refroidissement
cuisson 20 minutes • **pour 2 personnes**
par portion 2,6 g de lipides (dont 0,8 g d'acides
gras saturés) ; 286 kcal ; 37 g de glucides ;
25,1 g de protéines ; 6,2 g de fibres

1 patate douce moyenne (400 g), pelée
et coupée en cubes de 2 cm de côté
2 c. à c. de zeste d'orange finement râpé
185 g de thon en conserve, égoutté et effeuillé
80 g de feuilles de roquette
1 grosse orange (300 g), pelée
et détaillée en quartiers
2 c. à s. de jus d'orange
1 c. à s. de sauce soja claire
½ petit oignon rouge (50 g)
émincé

Vous pouvez remplacer la patate
douce par n'importe quelle variété
de courge. Préparez si possible les
ingrédients la veille et confectionnez
la salade le jour même.

1 Préchauffez le four à 180 °C.
2 Mettez la patate douce sur une plaque de cuisson
et saupoudrez-la de zeste d'orange. Faites-la cuire
20 minutes à découvert, puis laissez-la refroidir.

3 Mélangez la patate douce avec le reste des ingrédients
dans un saladier.

Salade chaude de poulet tandoori

préparation 10 minutes
cuisson 10 minutes • **pour 2 personnes**
par portion 4,8 g de lipides (dont 1 g d'acides gras saturés) ; 252 kcal ; 10,7 g de glucides ; 38,7 g de protéines ; 4,4 g de fibres

95 g de yaourt nature allégé

3 c. à s. de coriandre ciselée

2 c. à s. de jus de citron

6 petits pappadums (20 g)

280 g de blancs de poulet

2 c. à s. de poudre tandoori

huile végétale en spray

100 g de pousses d'épinard

1 concombre libanais (130 g) coupé en deux dans le sens de la longueur, puis émincé

125 g de petites tomates jaunes

1→Mélangez le yaourt avec la coriandre et le jus de citron dans un petit saladier.

2→Faites chauffer les pappadums 40 secondes au micro-ondes à chaleur moyenne, puis détaillez-les en morceaux.

3→Saupoudrez le poulet avec la poudre tandoori et arrosez-le d'huile. Faites-le cuire sur un gril ou au barbecue, puis découpez-le en lamelles épaisses.

4→Mélangez les pousses d'épinard avec le concombre et les tomates dans un saladier. Ajoutez le poulet et les morceaux de pappadum. Arrosez la salade avec le yaourt à la coriandre.

Vous pouvez acheter les blancs de poulet chez un boucher ou dans un supermarché. Ou les prélever sur un poulet entier.

Jour 5

Menu

muffin à l'œuf et à la tomate | rouleaux de jambon à la ricotta et au basilic | bœuf sauté au sésame

Muffin à l'œuf et à la tomate

préparation 5 minutes
cuisson 5 minutes • **pour 2 personnes**
par portion 7,3 g de lipides (dont 1,9 g d'acides gras saturés) ; 228 kcal ; 24,2 g de glucides ; 14,5 g de protéines ; 3,9 g de fibres

huile végétale en spray
2 œufs
2 muffins anglais multicéréale
coupés en deux dans l'épaisseur
1 petite tomate (90 g) coupée en rondelles fines
2 c. à c. de vinaigre balsamique

1 →Faites cuire les œufs dans une poêle, préalablement huilée et chauffée.
2 →Pendant ce temps, faites griller les muffins.
3 →Garnissez 2 moitiés de muffin avec des rondelles de tomate. Arrosez de vinaigre, couvrez avec les œufs et les autres moitiés de muffin.

Journal de Sarah

En arrivant au travail, j'ai trouvé des sacs de sucettes pour le livre que nous préparons actuellement sur les fêtes d'enfants. Je me suis surprise à passer à côté sans plonger la main dedans.
Le petit déjeuner, très nourrissant, m'a suffi jusqu'au déjeuner, que j'ai savouré dans un jardin. Après quoi j'ai marché un peu. J'ai préparé le dîner en un rien de temps, ce qui était fort appréciable après une journée de travail. J'ai l'impression que mon ami m'envie lorsqu'il me voit déguster toutes ces bonnes choses !

Journal de Pamela

Le muffin du petit déjeuner et le rouleau du déjeuner m'ont donné entière satisfaction. Quant au bœuf sauté, le soir, c'était super – le meilleur plat que j'aie jamais mangé, je crois, avec le bon dosage de piment et des saveurs parfaitement équilibrées. Encore des tests avec du chocolat, aujourd'hui, et la cuisine est remplie de sucettes pour le livre que nous préparons sur les fêtes d'enfants… Un excellent test !

EN-CAS

1 orange moyenne

2 abricots, prunes ou kiwis

Vous pouvez supprimer la matière grasse en faisant pocher les œufs dans de l'eau frémissante.

Rouleaux de jambon à la ricotta et au basilic

préparation 5 minutes
cuisson 3 minutes • **pour 2 personnes**
par portion 4,7 g de lipides (dont 2,3 g d'acides gras saturés) ; 212 kcal ; 24,1 g de glucides ; 16,1 g de protéines ; 3,7 g de fibres

2 petites courgettes (180 g)
3 pains lavash (90 g)
60 g de ricotta allégée
75 g de jambon haché
1 c. à s. de basilic ciselé

Il n'est pas indispensable de chauffer les rouleaux dans un gril à paninis, mais cette opération leur donne une texture légèrement croustillante. Préparez-les le matin pour le déjeuner.

1 Préchauffez le gril à paninis.
2 Détaillez les courgettes en lanières, dans le sens de la longueur, à l'aide d'un couteau-économe.
3 Tartinez les lavash avec la ricotta. Couvrez avec les courgettes, le jambon et le basilic. Enroulez les tortillas autour de la garniture.
4 Faites chauffer les rouleaux 3 minutes dans le gril à paninis, puis coupez-les en deux pour servir.

Bœuf sauté au sésame

préparation 10 minutes + repos
cuisson 10 minutes • **pour 2 personnes**
par portion 5,6 g de lipides (dont 2,1 g d'acides gras saturés) ; 393 kcal ; 51,3 g de glucides ; 31,3 g de protéines ; 4,1 g de fibres

100 g de couscous
125 ml d'eau bouillante
2 c. à c. de graines de sésame
180 g de rumsteck émincé
1 petit oignon rouge (100 g) coupé en quartiers
1 gousse d'ail pilée
1 pak choï (150 g) coupé en quatre
1 long piment rouge frais émincé
2 c. à s. de bouillon de bœuf
2 c. à s. de sauce d'huître
2 c. à s. de sauce soja claire
150 g de pois gourmands émincés

1 Versez le couscous dans un saladier résistant à la chaleur. Ajoutez l'eau, couvrez et laissez-le gonfler 5 minutes.

2 Pendant ce temps, faites griller les graines de sésame 30 secondes dans un wok chaud. Mettez-les dans un petit saladier.

3 Faites sauter le bœuf dans le wok, jusqu'à ce qu'il soit doré. Mettez-le dans un autre petit saladier.

4 Faites revenir l'oignon 1 minute dans le wok. Incorporez l'ail, le pak choï et le piment, puis remuez pendant 1 minute. Ajoutez le bouillon, la sauce d'huître, la sauce soja, le bœuf et laissez chauffer, sans cesser de remuer. Retirez du feu et incorporez les pois gourmands.

5 Pour servir, dressez la préparation au bœuf sur le couscous et parsemez de graines de sésame.

Jour 6

Menu

beignets de maïs | frittata aux asperges et à la roquette | linguine marinara

Beignets de maïs

préparation 5 minutes
cuisson 5 minutes • **pour 2 personnes**
par portion 6,1 g de lipides (dont 1,4 g d'acides gras saturés) ; 353 kcal ; 50,4 g de glucides ; 19,3 g de protéines ; 8,4 g de fibres

1 œuf
310 g de maïs en conserve, rincé et égoutté
½ petit oignon rouge (50 g) émincé
80 g de farine complète à levure incorporée
80 ml de lait écrémé
huile végétale en spray
65 g de fromage frais allégé

1→Battez l'œuf dans un saladier, puis incorporez le maïs, l'oignon, la farine et le lait.
2→Huilez une grande poêle et faites-la chauffer. Versez 80 ml de pâte dans la poêle pour chaque beignet et faites-les cuire 2 minutes. Retournez-les et laissez-les dorer de l'autre côté.
3→Servez les beignets chauds, garnis de fromage frais. Décorez-les éventuellement de persil ou d'aneth.

Journal de Sarah
Aujourd'hui samedi, j'ai renoncé à mon petit déjeuner habituel au café du coin, mais je n'ai pas été déçue par les beignets de maïs. J'ai tout de même pris un thé à la menthe au café, dans l'après-midi, en lisant le journal. La frittata aux asperges, à midi, était délicieuse. Le soir, j'avais invité des amis et j'ai tout simplement multiplié les quantités par deux. Ils étaient très contents de leur plat « basses calories ». J'ai pris un verre de vin avec eux, mais pas plus.

Journal de Pamela
J'ai partagé les beignets de maïs avec mes deux petites-filles, qui ont été très contentes. J'ai bien aimé la frittata. Quant aux fruits de mer, je les préfère nature, sans sauce, mais c'est une affaire de goût personnel. Vous pouvez remplacer le mélange par des crevettes.

Si vous préférez utiliser du maïs frais, huilez l'épi, puis faites-le griller légèrement au barbecue ou sur un gril, en le retournant.
Posez-le ensuite sur une planche et détachez les grains.

Frittata aux asperges et à la roquette

préparation 5 minutes
cuisson 15 minutes • **pour 2 personnes**
par portion 6,3 g de lipides (dont 1,8 g d'acides gras saturés) ; 147 kcal ; 5,4 g de glucides ; 16,3 g de protéines ; 1,9 g de fibres

EN-CAS   *2 fruits de la passion*

huile végétale en spray
1 petit oignon rouge (100 g) émincé
170 g d'asperges, parées
et coupées en tronçons de 2 cm de côté
2 œufs
2 blancs d'œufs
2 c. à s. de fromage frais allégé
40 g de feuilles de roquette
2 c. à s. de jus de citron
2 c. à c. de câpres, égouttées et rincées

1→Préchauffez le gril.
2→Huilez une petite poêle, faites-la chauffer et faites revenir l'oignon 1 minute. Ajoutez les asperges et faites-les sauter 2 minutes.
3→Pendant ce temps, mélangez les œufs, les blancs d'œufs et le fromage frais dans un saladier. Versez le mélange dans la poêle et faites cuire 5 minutes à découvert, jusqu'à ce que le dessous de la frittata soit doré.
4→Mettez la poêle sous le gril pour 5 minutes pour achever la cuisson.
5→Mélangez le reste des ingrédients dans un saladier. Servez la frittata avec la salade.

La frittata est délicieuse chaude, mais vous pouvez aussi la consommer froide. Pour l'emporter au travail, préparez-la la veille, mettez-la au réfrigérateur et enveloppez-la dans du film alimentaire le lendemain matin.

Si la poignée de votre poêle n'est pas conçue pour résister à la chaleur, recouvrez-la de papier d'aluminium avant de la placer sous le gril.

Linguine marinara

préparation 5 minutes
cuisson 15 minutes • **pour 2 personnes**
par portion 7,2 g de lipides (dont 1,8 g d'acides gras saturés) ; 571 kcal ; 61,9 g de glucides ; 60,1 g de protéines ; 6,4 g de fibres

EN-CAS *1 petite pomme*

150 g de linguine
400 g de cocktail de fruits de mer
1 petit oignon jaune (80 g) finement haché
2 gousses d'ail pilées
1 petit piment thaï rouge finement haché
400 g de chair de tomate en conserve
3 c. à s. de persil plat ciselé

1→Faites cuire les pâtes *al dente* dans une grande casserole d'eau bouillante, puis égouttez-les.
2→Pendant ce temps, faites chauffer les fruits de mer 2 minutes dans une grande poêle, puis égouttez-les.
3→Faites revenir l'oignon, l'ail et le piment dans la poêle pendant 5 minutes. Ajoutez les tomates avec leur jus et laissez chauffer 5 minutes. Remettez les fruits de mer dans la poêle. Poursuivez la cuisson pendant 2 minutes, en remuant. Ajoutez le persil.
4→Servez les pâtes avec la sauce marinara.

Impossible de rater cette recette, d'une simplicité enfantine. Évitez toutefois de trop cuire les fruits de mer, pour préserver leur texture.

Choisissez n'importe quelle variété de pâtes
et ne les cuisez pas trop. Elles sont meilleures
pour le système digestif lorsqu'elles sont *al dente*.

Jour 7

Menu

petits pains aux dattes | salade végétarienne chaude | côtes de porc à la purée de pois chiche

Petits pains aux dattes

préparation 10 minutes
cuisson 20 minutes • **pour 2 personnes**
par portion 6,5 g de lipides (dont 1,3 g d'acides
gras saturés) ; 283 kcal ; 46,4 g de glucides ;
8,2 g de protéines ; 2,2 g de fibres

huile végétale en spray
1 blanc d'œuf
2 c. à c. d'huile végétale
75 g de farine à levure incorporée
80 ml de lait écrémé
1 c. à s. de dattes sèches finement hachées
1 c. à s. de cassonade
1 c. à s. de ricotta allégée

1→Préchauffez le four à 180 °C. Huilez 2 alvéoles
de 125 ml d'un moule à muffins.
2→Battez le blanc d'œuf avec une fourchette, dans
un saladier. Incorporez l'huile, la farine, le lait, les dattes
et la cassonade, sans trop travailler la préparation.
Versez-la dans les alvéoles du moule.
3→Faites cuire 20 minutes au four. Servez les petits pains
chauds avec la ricotta.

EN-CAS *100 g de yaourt aux fruits allégé*

125 g de raisin

Journal de Sarah

*J'ai tiré mon ami du lit de bonne
heure pour aller à la plage
à pied. Même s'il s'est plaint
d'avoir dû se lever si tôt un
dimanche matin, je crois qu'il
n'était pas mécontent de mon
initiative. De retour à la maison,
j'ai préparé les petits pains, un
vrai délice ! Invitée à partager
un pique-nique avec des amis
au déjeuner, j'ai emporté ma
salade végétarienne. Au bout
d'une semaine de régime,
je suis en pleine forme. Ma
silhouette n'a pas beaucoup
changé, mais je me sens plus
tonique.*

Journal de Pamela

*Ces petits pains aux dattes
sont tout simplement divins,
surtout chauds. Si j'étais sûre
de ne pas en abuser, j'en
préparerais une grande fournée
et je les congèlerais. Il ne faut
sans doute pas plus d'une
minute pour les réchauffer
au micro-ondes. J'ai toujours
adoré les salades de légumes
rôtis assaisonnés à l'huile
d'olive, qu'elles soient
chaudes, tièdes ou froides.*

Salade végétarienne chaude

préparation 10 minutes
cuisson 25 minutes • **pour 2 personnes**
par portion 2,6 g de lipides (dont 1,2 g d'acides gras saturés) ; 161 kcal ; 20,8 g de glucides ; 10 g de protéines ; 7 g de fibres

160 g de gros champignons de Paris, coupés en deux
1 petite patate douce (250 g), coupée en morceaux de 4 cm de côté
1 petit poivron rouge (150 g), coupé en morceaux de 4 cm de côté
2 petites tomates (180 g), coupées en quatre
2 gousses d'ail grossièrement hachées
2 c. à s. de persil plat ciselé
50 g de feuilles de roquette
1 c. à s. de vinaigre balsamique
2 c. à s. de ricotta allégée

Au lieu de cuire les légumes au four, vous pouvez les griller au barbecue ou sur un gril pour obtenir une saveur fumée. Vous pouvez préparer la salade la veille et la réchauffer au micro-ondes. Ajoutez la ricotta au dernier moment.

1 Préchauffez le four à 220 °C.
2 Mettez les légumes et l'ail dans un plat à four, puis faites-les rôtir 25 minutes à découvert.

3 Mélangez les légumes avec le persil, la roquette et le vinaigre dans un grand saladier.
4 Répartissez la ricotta dessus avant de servir.

Côtes de porc à la purée de pois chiche

préparation 10 minutes
cuisson 10 minutes • **pour 2 personnes**
par portion 7,2 g de lipides (dont 1,7 g d'acides
gras saturés) ; 293 kcal ; 16 g de glucides ;
37,3 g de protéines ; 7,1 g de fibres

250 g de pois chiches en conserve,
rincés et égouttés
2 c. à s. de jus de citron
2 gousses d'ail pilées
1 c. à c. de fenouil en poudre
80 ml d'eau chaude
2 côtes de porc (470 g) dégraissées
huile végétale en spray
5 radis rouges (300 g) détaillés en julienne
1 concombre libanais (130 g) coupé grossièrement
2 c. à s. de persil plat ciselé

1 Mixez les pois chiches avec le jus de citron, l'ail et le fenouil. Ajoutez l'eau et mixez de nouveau.

2 Badigeonnez les côtes de porc d'huile et faites-les cuire sous le gril du four, sur un gril en fonte ou au barbecue.

3 Pendant ce temps, mélangez les radis, le concombre et le persil dans un saladier.

4 Servez le porc avec la salade et la purée de pois chiche.

Jour 8

Menu

smoothie aux fruits rouges | salade de lentilles au thon et à la tomate | salade croquante au poulet

PETIT DÉJEUNER

Smoothie aux fruits rouges

préparation 5 minutes • **pour 2 personnes**
par portion 0,5 g de lipides (dont 0,2 g d'acides
gras saturés) ; 170 kcal ; 26,9 g de glucides ;
12,2 g de protéines ; 3,4 g de fibres

250 g de fraises
75 g de myrtilles fraîches ou surgelées
250 ml de lait écrémé
200 g de yaourt aux fruits allégé

Mixez les ingrédients jusqu'à obtention
d'une préparation onctueuse.

Journal de Sarah
*Le smoothie était délicieux,
mais comme j'avais encore
un peu faim, je l'ai complété
par l'en-cas. J'ai encore fait des
tests avec Pamela pour le livre
sur le chocolat, mais nous avons
été très sages (nos collègues
commencent enfin à comprendre
que nous prenons le régime très
au sérieux !). Je n'ai pas du tout
l'impression de suivre un régime,
même si les menus sont presque
sans matières grasses. J'ai pris
mon dîner à la maison avant
de me rendre à un cocktail –
une excellente initiative, sinon
j'aurais eu du mal à résister aux
petits-fours, qui étaient tous
très appétissants !*

Journal de Pamela
*Je suis en pleine forme
et satisfaite de moi.
Je n'ai pas faim et je maigris.
Que demander de plus ?
J'ai perdu 2 kg en 7 jours, soit
un tiers de la durée du régime.
J'ai même eu des compliments
au travail aujourd'hui.*

EN-CAS

1 petit bol de pop-corn

1 petite banane

Associez les fruits de votre choix,
en accordant les saveurs
avec celles du yaourt.

Salade de lentilles au thon et à la tomate

préparation 10 minutes • **pour 2 personnes**
par portion 2,7 g de lipides (dont 0,8 g d'acides gras saturés) ; 218 kcal ; 18,3 g de glucides ; 26,7 g de protéines ; 6,3 g de fibres

400 g de lentilles brunes en conserve, rincées et égouttées
185 g de thon en conserve, égoutté et émietté
1 concombre libanais (130 g) coupé en morceaux
2 petites tomates (180 g) coupées en morceaux
2 ciboules émincées
2 c. à s. de persil plat ciselé
1 gousse d'ail pilée
2 c. à s. de jus de citron
45 g de cornichons égouttés et coupés en deux

Mélangez tous les ingrédients dans un saladier.

Ce déjeuner, facile à emporter, peut se préparer la veille.

Les pop-corn sont parfaits pour un en-cas, même sans beurre. Mettez 2 cuillerées à soupe de maïs à pop-corn dans une grande casserole et couvrez hermétiquement. Faites chauffer à feu vif pour faire éclater le maïs. Éteignez et attendez que les grains cessent d'éclater avant d'ôter le couvercle. Vous obtenez ainsi 1 petit bol de pop-corn.

Salade croquante au poulet

préparation 10 minutes • **pour 2 personnes**
par portion 4,5 g de lipides (dont 1,1 g d'acides
gras saturés) ; 214 kcal ; 4,3 g de glucides ;
36,1 g de protéines ; 5,5 g de fibres

huile végétale en spray

220 g de blancs de poulet

100 g de fromage frais allégé

3 branches de céleri épluchées (300 g), hachées

4 ciboules émincées

2 c. à c. d'aneth ciselé

1 gousse d'ail pilée

6 petites feuilles de laitue iceberg

1 Huilez une petite poêle et faites cuire les blancs de poulet.
Retirez du feu et laissez refroidir.

2 Détaillez le poulet en lamelles. Mélangez-les dans un
saladier avec le fromage, le céleri, les ciboules, l'aneth et l'ail.

3 Répartissez la préparation au poulet sur les feuilles
de laitue.

Jour 9

Menu

omelette aux épinards | rouleau de dinde aux airelles | agneau au prosciutto et aux pommes de terre rôties

PETIT DÉJEUNER

Omelette aux épinards

préparation 5 minutes
cuisson 5 minutes • **pour 2 personnes**
par portion 5,7 g de lipides (dont 1,6 g d'acides gras saturés) ; 210 kcal ; 21,2 g de glucides ; 16,3 g de protéines ; 4 g de fibres

1 œuf
4 blancs d'œufs
2 ciboules finement hachées
huile végétale en spray
30 g de pousses d'épinard
2 c. à s. de menthe ciselée
2 tranches de pain de seigle (90 g) grillées
1 c. à s. de ricotta allégée

1→Fouettez l'œuf et les blancs d'œufs avec les ciboules, dans un petit saladier.
2→Huilez une petite poêle et faites-la chauffer. Versez la préparation aux œufs et faites-la cuire en penchant la poêle. Ajoutez les épinards et la menthe sur la moitié de l'omelette. Refermez l'omelette autour de la garniture, puis coupez-la en deux.
3→Tartinez le pain de fromage et servez avec l'omelette.

Journal de Sarah

J'ai serré ma ceinture d'un cran ce matin ; de toute évidence, le régime marche ! J'ai tellement de basilic dans le jardin en ce moment que j'en ai ajouté dans l'omelette. Un vrai régal ! Au déjeuner, le mariage de la dinde et des airelles était très réussi. Invitée dans un restaurant asiatique, le soir, pour l'anniversaire d'un ami, j'ai dû sauter le dîner du jour. Mais j'ai opté pour un plat diététique : des boulettes de légumes vapeur.

Journal de Pamela

La silhouette de Sarah s'affine de jour en jour, c'est incroyable ! Nous sommes toutes les deux d'accord : ce régime est génial ! Facile à suivre et équilibré, il est aussi très varié et bon marché. Nous avons choisi des ingrédients faciles à trouver, préférant laisser de côté les produits trop exotiques.

Vous pouvez conserver les jaunes d'œufs en les congelant
dans des bacs à glaçons pour les utiliser une fois le régime terminé.
Faites cuire l'omelette à feu vif ; la cuisson doit être rapide
et l'omelette, bien chaude.

Rouleau de dinde aux airelles

préparation 5 minutes • **pour 2 personnes**
par portion 2,1 g de lipides (dont 0,4 g d'acides
gras saturés) ; 203 kcal ; 27,6 g de glucides ;
16,7 g de protéines ; 2,5 g de fibres

2 pains lavash (60 g)
2 c. à s. de sauce aux airelles
80 g de dinde hachée
30 g de pousses de pois gourmand
30 g de pousses d'épinard

Nappez les lavash de sauce aux airelles et garnissez-les
avec le reste des ingrédients. Enroulez-les autour
de la garniture.

EN-CAS *200 g de pastèque*

Si vous avez du mal à trouver des pousses de pois gourmand,
remplacez-les par des germes de soja. Vous pouvez substituer
de la roquette aux épinards. Ces rouleaux se transportent facilement
et peuvent se préparer la veille.

Agneau au prosciutto et aux pommes de terre rôties

préparation 25 minutes
cuisson 30 minutes ● **pour 2 personnes**
par portion 7,3 g de lipides (dont 3,3 g d'acides gras saturés) ; 356 kcal ; 33,7 g de glucides ; 34,8 g de protéines ; 7,3 g de fibres

400 g de pommes de terre ratte,
coupées en deux dans le sens de la longueur
200 g de gigot d'agneau
1 gousse d'ail émincée
2 tranches de prosciutto (30 g)
150 g de haricots verts équeutés
1 pamplemousse rose (350 g) détaillé en quartiers
1 c. à s. de persil plat ciselé
30 g de ricotta allégée, émiettée

1→Préchauffez le four à 220 °C.
2→Faites rôtir les pommes de terre 15 minutes à découvert, dans un petit plat à four.
3→Pendant ce temps, faites des entailles dans l'agneau et remplissez-les d'éclats d'ail. Enroulez le prosciutto autour de l'agneau. Faites dorer l'agneau 1 minute de chaque côté dans une poêle chaude. Posez-le ensuite sur les pommes de terre.
4→Faites cuire l'agneau et les pommes de terre 10 minutes dans le four, à découvert.
5→Pendant ce temps, faites cuire les haricots verts à l'eau, à la vapeur ou au micro-ondes.
6→Mélangez les haricots avec le pamplemousse, le persil et la ricotta dans un saladier.
7→Découpez l'agneau en tranches, puis servez avec les pommes de terre et la salade.

EN-CAS   *2 kiwis*

Jour 10

Menu

toast à la ricotta et à la banane | salade de bœuf à la menthe et au concombre | poisson au cumin et salsa de maïs grillé

PETIT DÉJEUNER

Toast à la ricotta et à la banane

préparation 5 minutes • **pour 2 personnes**
par portion 2,9 g de lipides (dont 1,3 g d'acides gras saturés) ; 231 kcal ; 40,6 g de glucides ; 7,7 g de protéines ; 5 g de fibres

2 tranches de pain de seigle (90 g) grillées
2 c. à s. de ricotta allégée
2 petites bananes (260 g)
coupées en rondelles épaisses
1 c. à c. de miel liquide
1 pincée de cannelle

Tartinez les tranches de pain avec la ricotta. Garnissez de bananes, arrosez de miel et saupoudrez de cannelle.

Journal de Sarah

J'ai perdu 2,3 kg et je me sens bien. Le petit déjeuner était un délice ; j'adore l'accord de la banane et de la cannelle. Comme Pamela, j'ai trouvé le déjeuner très nourrissant. Pour la salsa du dîner, j'ai remplacé le poivron rouge par des tomates cerises, et c'était très réussi. Nous avons continué les tests pour le livre sur le chocolat ; il y avait des truffes à profusion. Habituellement, j'aurais dévoré un plateau entier, mais je me suis contentée de quelques miettes ; j'étais très fière de moi !

Journal de Pamela

J'étais un peu d'humeur gourmande aujourd'hui, et j'ai eu l'impression qu'il y avait davantage à manger que les autres jours. Lorsque nous avons commencé à tester les recettes de ce livre, nous goûtions d'une seule traite les préparations des 3 repas, et nous avons finalement décidé qu'il n'y avait qu'une seule manière de tester correctement le régime : c'était de le suivre pendant toute sa durée. Nous savions que nous serions obligées d'effectuer en même temps des tests pour d'autres livres de cuisine, mais nous avons voulu relever le défi !

EN-CAS

1 petit poivron rouge avec 1 cuillerée à soupe de fromage frais allégé

1 petite poire

Salade de bœuf à la menthe et au concombre

préparation 10 minutes + repos
cuisson 5 minutes • **pour 2 personnes**
par portion 6 g de lipides (dont 1,5 g d'acides gras saturés) ; 274 kcal ; 19,2 g de glucides ; 31,7 g de protéines ; 7,5 g de fibres

Si vous emportez cette salade au travail, ajoutez le jus de citron au dernier moment. Sinon, consommez-la lorsque le bœuf est encore chaud.

huile végétale en spray

200 g de rumsteck

300 g de pois chiches en conserve, rincés et égouttés

1 concombre libanais (130 g) coupé en morceaux

2 petites tomates (180 g) coupées en morceaux

½ petit oignon rouge (50 g) émincé

2 c. à s. de menthe ciselée

60 ml de jus de citron

1 →Huilez une petite poêle et faites cuire le rumsteck. Retirez du feu, couvrez et laissez reposer 5 minutes.
2 →Émincez le rumsteck, puis mélangez-le avec le reste des ingrédients dans un saladier.

Poisson au cumin et salsa de maïs grillé

préparation 10 minutes
cuisson 10 minutes • **pour 2 personnes**
par portion 5,7 g de lipides (dont 1,2 g d'acides gras saturés) ; 367 kcal ; 33,6 g de glucides ; 39,9 g de protéines ; 9,5 g de fibres

2 épis de maïs parés (500 g)
2 c. à s. de coriandre ciselée
1 petit poivron rouge (150 g) finement haché
3 ciboules finement hachées
2 c. à s. de jus de citron vert
300 g de filets de poisson à chair blanche et ferme
1 c. à c. de cumin en poudre

Vous pouvez remplacer les citrons verts par des citrons jaunes. N'importe quel poisson blanc à chair ferme convient pour cette recette.

1→Détachez les grains des épis de maïs, puis faites-les griller dans une poêle chaude, sans cesser de remuer. Mettez-les dans un saladier.
2→Ajoutez la coriandre, le poivron, les ciboules, le jus de citron, puis mélangez.
3→Saupoudrez le poisson de cumin et faites-le cuire dans la poêle.
4→Dressez le poisson sur la salsa de maïs et servez avec des quartiers de citron.

Jour 11

Menu

salade de pastèque aux framboises et aux airelles | salade waldorf au poulet | rissoles de bœuf et salade de betteraves

PETIT DÉJEUNER

Salade de pastèque aux framboises et aux airelles

préparation 5 minutes • **pour 2 personnes**
par portion 0,9 g de lipides (dont 0,1 g d'acides gras saturés) ; 181 kcal ; 33,6 g de glucides ; 6,7 g de protéines ; 5 g de fibres

400 g de pastèque coupée
en morceaux de 2 cm de côté
135 g de framboises
125 ml de jus d'airelle
1 c. à s. de menthe ciselée
200 g de yaourt aux fruits allégé

Mélangez les fruits avec le jus d'airelle et la menthe dans un saladier. Arrosez la salade de yaourt.

Journal de Sarah

J'ai commencé la journée en me baignant et j'ai constaté avec satisfaction que mon Bikini m'allait très bien. Le petit déjeuner était un peu léger à mon goût, mais j'ai apprécié la pastèque et les framboises, très rafraîchissantes. J'ai dû effectuer des tests toute la matinée pour un livre de cuisine : je n'ai pris qu'une seule cuillerée à café du risotto au choziro et à la citrouille, mais j'ai eu du mal à résister à la tentation d'en reprendre. La version « light » de la salade waldorf, pour le déjeuner, m'a agréablement surprise. Et les rissoles, au dîner, ne m'ont pas déçue non plus !

Journal de Pamela

Nous sommes désormais à la moitié du régime et, malgré quelques écarts, nous sommes toutes les deux très satisfaites, à tel point que nous pensons même recommencer. Notre silhouette s'est affinée, nous dormons bien, nous débordons d'énergie. Bref, nous sommes en pleine forme ! Les tests ne sont pas faciles à gérer, au travail, mais nous avons été très sages jusqu'ici, même si nous avons failli « craquer » aujourd'hui pour le risotto.

EN-CAS   *1 petite carotte*

1 orange moyenne

Vous pouvez remplacer les framboises
par des fraises, moins onéreuses.
Choisissez les fruits en fonction
du parfum du yaourt.

Salade waldorf au poulet

préparation 10 minutes + refroidissement
cuisson 10 minutes • **pour 2 personnes**
par portion 2,7 g de lipides (dont 0,6 g d'acides gras saturés) ; 182 kcal ; 11 g de glucides ; 26,1 g de protéines ; 4,1 g de fibres

Si vous emportez cette salade au travail, veillez à bien recouvrir la pomme d'assaisonnement pour éviter qu'elle ne s'oxyde.

200 g de blancs de poulet
500 ml d'eau
70 g de yaourt nature allégé
2 c. à s. de jus de citron
1 c. à c. de moutarde à l'ancienne
1 petite pomme rouge (130 g) émincée
3 branches de céleri (300 g) émincées en biais
2 c. à s. de persil plat ciselé

1 Faites pocher le poulet 10 minutes à feu doux dans une casserole d'eau bouillante. Laissez-le reposer 10 minutes puis égouttez-le et détaillez-le en lamelles épaisses.
2 Pendant ce temps, mélangez le yaourt avec le jus de citron et la moutarde dans un saladier. Ajoutez la pomme, le céleri, le persil, le poulet, puis remuez délicatement le tout.

Rissoles de bœuf et salade de betteraves

préparation 10 minutes
cuisson 10 minutes • **pour 2 personnes**
par portion 8,9 g de lipides (dont 3,4 g d'acides gras saturés) ; 227 kcal ; 79 g de glucides ; 27,1 g de protéines ; 2,9 g de fibres

220 g de bœuf haché maigre
1 gousse d'ail pilée
2 c. à c. de cumin en poudre
huile végétale en spray
200 g de petites betteraves cuites, coupées en rondelles
2 c. à s. de persil plat ciselé
3 ciboules émincées
1 c. à s. de vinaigre balsamique
2 c. à s. de fromage frais allégé

1→Mélangez le bœuf avec l'ail et le cumin dans un petit saladier, puis façonnez 4 pavés de cette préparation.
2→Huilez une poêle et faites-la chauffer. Faites-y cuire les pavés.
3→Pendant ce temps, mélangez les betteraves avec le persil, les ciboules et le vinaigre dans un saladier.
4→Pour servir, dressez les rissoles sur la salade et garnissez-les de fromage frais.

Jour 12

Menu

muesli à la poire et au yaourt | sandwich à l'œuf et à la ciboulette | pizza au jambon, à la tomate et à la roquette

PETIT DÉJEUNER

Muesli à la poire et au yaourt

préparation 5 minutes • **pour 2 personnes**
par portion 1,8 g de lipides (dont 0,4 g d'acides
gras saturés) ; 213 kcal ; 37,6 g de glucides ;
8,1 g de protéines ; 5,8 g de fibres

1 petite poire (180 g) émincée
140 g de yaourt aux fruits allégé
80 ml de lait écrémé
60 g de muesli au son et aux airelles
(voir recette page 32)

Mélangez la poire, le yaourt et le lait avec le muesli.

(voir recette page 32)

EN-CAS

2 galettes de maïs soufflé avec ½ petite tomate en quartiers

1 petite banane

Journal de Sarah

*Nous sommes maintenant
à plus de la moitié du régime,
et je commence vraiment
à sentir la différence dans mes
vêtements. Le petit déjeuner,
rapide à préparer, était délicieux.
Nous déjeunons de temps en
temps entre collègues avec des
sandwichs aux œufs et au curry,
et cette version sans mayonnaise
m'a beaucoup plu. Le soir, j'ai
gardé les petits voisins ; nous
avons préparé la pizza ensemble
avant de la partager. Ils se sont
régalés !*

Journal de Pamela

*Cette variante des sandwichs
aux œufs est tout aussi
savoureuse que celle que nous
consommons régulièrement
au travail, avec la matière grasse
en moins. Bien que je ne sois
pas une fan de pizzas, j'ai
apprécié le dîner. Quant
au muesli, c'était un vrai délice !
Il faut juste résister à la tentation
d'en reprendre. Si le cœur vous
en dit, vous pouvez l'adopter
tous les matins au petit
déjeuner.*

Sandwich à l'œuf et à la ciboulette

préparation 10 minutes
cuisson 10 minutes • **pour 2 personnes**
par portion 8,5 g de lipides (dont 2,6 g d'acides gras saturés) ; 329 kcal ; 40,6 g de glucides ; 19,2 g de protéines ; 6,2 g de fibres

2 œufs durs coupés en deux
1 c. à s. de ricotta allégée
2 c. à s. de fromage frais allégé
2 c. à s. de ciboulette ciselée
4 tranches de pain de seigle (180 g)

C'est le déjeuner idéal à emporter au travail. Faites cuire les œufs la veille ; préparez la garniture et assemblez les sandwichs le matin. Enveloppez-les dans du film alimentaire. Vous pouvez les rehausser avec un peu de curry en poudre.

1→Mettez les œufs, la ricotta, le fromage frais et la ciboulette dans un saladier. Écrasez-les avec un presse-purée ou le dos d'une fourchette pour les mélanger.
2 Tartinez 2 tranches de pain avec la préparation. Couvrez avec le reste de pain.

Pizza au jambon,
à la tomate et à la roquette

préparation 10 minutes
cuisson 10 minutes • **pour 2 personnes**
par portion 8 g de lipides (dont 3,5 g d'acides gras saturés) ; 373 kcal ; 43,3 g de glucides ; 27,1 g de protéines ; 8,4 g de fibres

2 grandes pitas à la farine complète (160 g)

2 c. à s. de concentré de tomate

150 g de jambon coupé en dés

250 g de tomates cerises coupées en deux

¼ de petit oignon rouge (25 g) émincé

80 g de ricotta allégée

30 g de feuilles de roquette

2 c. à s. de basilic ciselé

1 → Préchauffez le four à 200 °C.

2 → Mettez les pitas sur des plaques de cuisson et couvrez-les de concentré de tomate. Répartissez dessus le jambon, les tomates et l'oignon. Ajoutez des cuillerées de ricotta.

3 → Faites cuire 10 minutes au four, puis décorez de roquette et de basilic.

Jour 13

Menu

champignons rôtis à la ricotta | curry de poulet à la courge | porc hoisin avec salade de cresson

Champignons rôtis à la ricotta

préparation 5 minutes
cuisson 15 minutes • **pour 2 personnes**
par portion 5,8 g de lipides (dont 3,4 g d'acides gras saturés) ; 120 kcal ; 2,4 g de glucides ; 12,4 g de protéines ; 4,7 g de fibres

320 g de gros champignons à farcir
120 g de ricotta allégée
2 c. à s. de persil plat ciselé
2 ciboules finement hachées
1 gousse d'ail pilée

1 Préchauffez le four à 200 °C.
2 Posez les champignons à l'envers sur une plaque de cuisson, puis faites-les cuire 15 minutes à découvert.
3 Pendant ce temps, mélangez le reste des ingrédients dans un petit saladier.
4 Garnissez les champignons de préparation à la ricotta et servez.

Journal de Sarah
Pas question de rompre ce week-end avec les bonnes habitudes prises ; j'ai partagé mon petit déjeuner à la maison avec mon ami, avant de prendre un café à l'extérieur en lisant le journal. Rien à redire sur les champignons, très nourrissants. Même chose pour le curry, qui était très rapide à préparer. En fin d'après-midi, j'ai retrouvé des amis à une terrasse, au bord de la plage ; je me suis contentée d'un petit verre de vin. Le soir, j'étais invitée à fêter l'anniversaire d'une amie ; j'ai pris mon dîner avant de partir pour éviter de craquer sur l'houmous.

Journal de Pamela
C'est très tentant de laisser tomber les bonnes résolutions le week-end, mais nous sommes si contentes de ce régime, toutes les deux, que nous tenons bon. Vous avez probablement remarqué qu'il comprend beaucoup de produits laitiers, toujours allégés, et de tomates. Nous nous sommes efforcées de vous proposer des menus équilibrés et diversifiés, prenant en compte tous les types d'aliments : fruits, légumes, protéines, produits laitiers et glucides.

À l'occasion d'un week-end entre amis, improvisez un petit déjeuner insolite en faisant griller ces champignons au barbecue. Chacun pourra ensuite les garnir avec la préparation au fromage.

Curry de poulet à la courge

préparation 15 minutes
cuisson 30 minutes • **pour 2 personnes**
par portion 8,7 g de lipides (dont 4,6 g d'acides gras saturés) ; 472 kcal ; 60,8 g de glucides ; 32,7 g de protéines ; 8,3 g de fibres

EN-CAS *125 g de fraises*

100 g de riz brun
1 petit oignon rouge (100 g) finement haché
2 c. à s. de racines et de tiges de coriandre finement hachées
2 c. à s. de feuilles de coriandre
2 longs piments rouges hachés grossièrement
2 gousses d'ail pilées
5 cm de gingembre (25 g), râpé
1 c. à c. de curcuma
250 ml de bouillon de volaille
180 g de blancs de poulet émincés
60 ml de lait de coco allégé
150 g de courge butternut
coupée en cubes de 1 cm de 1 cm de côté
115 g de maïs haché
80 g de germes de soja
2 c. à s. de feuilles de coriandre supplémentaires

1→Faites cuire le riz dans une grande casserole d'eau bouillante, puis égouttez-le.
2→Pendant ce temps, mixez l'oignon avec les racines, les tiges et les feuilles de coriandre, les piments, l'ail, le gingembre et le curcuma.
3→Faites revenir la préparation dans une poêle, en remuant, jusqu'à ce qu'elle exhale ses parfums. Ajoutez le bouillon, le poulet et le lait de coco. Portez à ébullition, puis laissez frémir 10 minutes à couvert.
4→Incorporez la courge et le maïs dans la poêle. Poursuivez la cuisson pendant 10 minutes à feu doux et à découvert.
5→Pour servir, dressez le curry sur le riz. Décorez de germes de soja et de coriandre.

Comptez environ 30 minutes de cuisson pour le riz brun,
selon que vous l'aimez plus ou moins croquant.
Vous pouvez emporter ce curry au travail.
Préparez-le la veille, et réchauffez-le au micro-ondes.

Porc hoisin avec salade de cresson

préparation 15 minutes + repos
cuisson 10 minutes • **pour 2 personnes**
par portion 4,7 g de lipides (dont 1,2 g d'acides gras saturés) ; 255 kcal ; 16,7 g de glucides ; 32,3 g de protéines ; 8,1 g de fibres

250 g de filet de porc
2 c. à s. de sauce hoisin
huile végétale en spray
350 g de cresson paré
3 c. à s. de menthe ciselée
1 petite pomme verte (130 g) émincée
½ petit oignon (50 g) émincé
2 c. à s. de jus de citron vert
1 c. à s. de sauce soja claire
2 cm de gingembre (10 g), râpé
1 petit piment thaï rouge émincé

EN-CAS *125 g de raisin*

1→Badigeonnez le porc de sauce hoisin. Huilez une poêle et faites-la chauffer. Faites cuire le porc. Couvrez et laissez reposer 5 minutes.
2→Pendant ce temps, mélangez le cresson avec la menthe, la pomme et l'oignon dans un saladier.
3→Mélangez le jus de citron, la sauce soja, le gingembre et le piment dans un bol. Versez l'assaisonnement sur la salade et remuez délicatement.

Le cresson est un légume très sain, riche en vitamines A, C et E, en fer et en acide folique. Sa préparation peut paraître fastidieuse, car il faut séparer les tiges, trier les feuilles, les laver et les sécher soigneusement. Ce travail en vaut la peine, mais vous pouvez aussi les remplacer par des pousses d'épinard.

Jour 14

Menu

œufs brouillés aux asperges | salade de crevettes thaïe | bœuf au poivre et à la patate douce

PETIT DÉJEUNER

Œufs brouillés aux asperges

préparation 5 minutes
cuisson 10 minutes • **pour 2 personnes**
par portion 6,4 g de lipides (dont 1,7 g d'acides gras saturés) ; 124 kcal ; 3 g de glucides ; 13 g de protéines ; 1,6 g de fibres

170 g d'asperges parées
huile végétale en spray
2 œufs
2 blancs d'œufs
2 c. à s. de lait écrémé
1 petite tomate (90 g) coupée en dés
2 c. à s. de persil plat ciselé

1→Faites cuire les asperges à l'eau, à la vapeur ou au micro-ondes, puis égouttez-les.
2→Pendant ce temps, huilez une poêle. Battez les œufs avec les blancs d'œufs et le lait, dans un petit saladier. Faites cuire la préparation dans la poêle à feu doux, en remuant (les œufs doivent être moelleux).
3→Pour servir, garnissez les œufs et les asperges de tomate et de persil.

EN-CAS *2 fruits de la passion*

100 g de yaourt aux fruits allégé

Journal de Sarah
Quel plaisir de se réveiller en pleine forme, comme ce matin ! Après le petit déjeuner, j'ai fait un peu de lèche-vitrines et j'ai vu quelques vêtements que j'aimerais bien m'acheter lorsque j'aurai terminé le régime. Sur mon chemin, j'ai trouvé des sushis et j'ai décidé qu'ils remplaceraient la salade de crevettes. Nous avons organisé un barbecue le soir ; j'ai donc cuit mon steak sur le barbecue et j'ai fait des envieux avec mes morceaux de patate douce grillés, mais je n'avais aucune envie de les partager !

Journal de Pamela
Question régime, la journée de dimanche a été plutôt mauvaise pour moi. Nous avions une réunion de famille avec, bien sûr, beaucoup de choses délicieuses à manger et à boire, le tout dans la joie et la bonne humeur. J'ai fait des écarts, mais je vais me rattraper. J'ai déjà perdu plus de 4 kg. Je me demande quand les excès de dimanche vont s'afficher sur la balance.

Pour préparer des œufs brouillés, faites-les cuire à feu doux,
en remuant délicatement : ils doivent être moelleux.
Si vous les cuisez trop, leur consistance devient ferme.
Consommez-les aussitôt pour éviter qu'ils ne se liquéfient.

Salade de crevettes thaïe

préparation 30 minutes + refroidissement
cuisson 25 minutes • **pour 2 personnes**
par portion 2,3 g de lipides (dont 0,4 g d'acides
gras saturés) ; 357 kcal ; 61,1 g de glucides ;
19,5 g de protéines ; 4,6 g de fibres

Encore une excellente idée de déjeuner à emporter au travail :
préparez tous les ingrédients la veille et composez la salade le matin.
Gardez-la au réfrigérateur, dans un récipient hermétique.

150 g de riz brun
250 g de petites crevettes cuites et décortiquées
1 petite carotte (70 g) râpée
3 ciboules émincées
2 c. à s. de coriandre ciselée
1 gousse d'ail pilée
1 c. à c. de zeste de citron vert finement râpé
60 ml de jus de citron vert
1 petit piment thaï rouge finement haché

1 Faites cuire le riz dans une grande casserole d'eau
bouillante, à découvert. Égouttez-le, puis laissez-le
refroidir.
2 Mélangez le riz avec le reste des ingrédients,
dans un grand saladier.

Bœuf au poivre et à la patate douce

préparation 5 minutes
cuisson 25 minutes • **pour 2 personnes**
par portion 7 g de lipides (dont 2,5 g d'acides
gras saturés) ; 327 kcal ; 26,7 g de glucides ;
35,4 g de protéines ; 6,7 g de fibres

1 patate douce moyenne (400 g)
coupée en morceaux
175 g de broccolini
huile végétale en spray
2 stecks (250 g) dans le filet
1 c. à s. de grains de poivre noir
(égouttés, s'ils sont en saumure)
1 c. à s. de lait fermenté
125 ml de bouillon de bœuf

1→Préchauffez le four à 200 °C.
2→Faites cuire la patate douce 25 minutes à découvert,
sur une plaque de cuisson. Faites cuire le broccolini
à l'eau, à la vapeur ou au micro-ondes.
3→Pendant ce temps, huilez une poêle et faites cuire
les steaks. Retirez-les de la poêle et couvrez-les avec
une feuille d'aluminium.

4→Faites chauffer le poivre, le lait et le bouillon
dans la poêle, sans laisser bouillir.
5→Servez les légumes avec les steaks, en arrosant
le tout de sauce au poivre.

Jour 15

Menu

salade d'agrumes | sandwich au thon, au céleri et à l'aneth | poulet grillé à la moutarde et purée de pomme de terre

PETIT DÉJEUNER

Salade d'agrumes

préparation 15 minutes • **pour 2 personnes**
par portion 0,7 g de lipides (dont 0,1 g d'acides gras saturés) ; 218 kcal ; 40,6 g de glucides ; 8,9 g de protéines ; 5,4 g de fibres

1 pamplemousse rose moyen (425 g), détaillé en quartiers
2 oranges navel moyennes (480 g), détaillées en quartiers
1 citron vert détaillé en quartiers
60 g de fraises coupées en quatre
125 ml de jus de pomme non sucré
200 g de yaourt aux fruits allégé

Mélangez les fruits et le jus de pomme dans un saladier. Ajoutez le yaourt.

EN-CAS *125 g de tomates cerises*

1 petite pomme

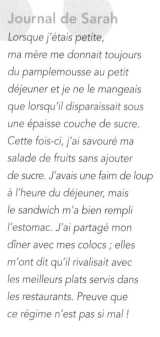

Journal de Sarah
Lorsque j'étais petite, ma mère me donnait toujours du pamplemousse au petit déjeuner et je ne le mangeais que lorsqu'il disparaissait sous une épaisse couche de sucre. Cette fois-ci, j'ai savouré ma salade de fruits sans ajouter de sucre. J'avais une faim de loup à l'heure du déjeuner, mais le sandwich m'a bien rempli l'estomac. J'ai partagé mon dîner avec mes colocs ; elles m'ont dit qu'il rivalisait avec les meilleurs plats servis dans les restaurants. Preuve que ce régime n'est pas si mal !

Journal de Pamela
J'adore les fruits au petit déjeuner ; c'est un moyen de commencer la journée sur une note légère et rafraîchissante, surtout en été. Comme tous les lundis, il n'y avait pas beaucoup de tests à effectuer aujourd'hui au travail ; ça m'a permis de compenser les excès d'hier et de me remettre sur les rails. Je me suis régalée avec la purée de pomme de terre au maïs, au dîner.

Vous pouvez remplacer le pamplemousse rose
par du pamplemousse ordinaire.
Toutes les associations d'agrumes
sont possibles, selon vos goûts.

Sandwich au thon, au céleri et à l'aneth

préparation 10 minutes • **pour 2 personnes**
par portion 6 g de lipides (dont 2,2 g d'acides
gras saturés) ; 363 kcal ; 42,5 g de glucides ;
29,9 g de protéines ; 8,4 g de fibres

185 g de thon en conserve,
égoutté et émietté
2 branches de céleri épluchées (200 g),
finement hachées
¼ de petit oignon rouge (25 g),
finement haché
2 c. à s. de ricotta allégée
1 c. à s. d'aneth ciselé
2 c. à c. de câpres, rincées et égouttées
20 g de pousses d'épinard
4 tranches de pain de seigle (180 g)

Si vous emportez ce sandwich au travail,
préparez la garniture la veille et assemblez
le sandwich le matin. Mettez-le au réfrigérateur
en arrivant au travail. Les pousses d'épinard
(que vous pouvez remplacer par de la laitue)
empêchent le pain de se détremper.

1 Mélangez le thon, le céleri, l'oignon, la ricotta, l'aneth
et les câpres dans un saladier.
2 Répartissez les pousses d'épinard sur 2 tranches de pain.
Couvrez avec la préparation au thon, puis le reste de pain.

Poulet grillé à la moutarde et purée de pomme de terre

préparation 15 minutes
cuisson 15 minutes • **pour 2 personnes**
par portion 5,7 g de lipides (dont 1 g d'acides gras saturés) ; 492 kcal ; 62,6 g de glucides ; 41,3 g de protéines ; 10,8 g de fibres

3 pommes de terre moyennes (600 g), pelées et coupées en deux
260 g de blancs de poulet
huile végétale en spray
2 c. à c. de moutarde à l'ancienne
300 g de maïs en conserve, rincé et égoutté
2 c. à s. de lait écrémé
2 c. à s. de ciboulette ciselée

1 Faites cuire les pommes de terre à l'eau, à la vapeur ou au micro-ondes, puis égouttez-les.

2 Pendant ce temps, badigeonnez le poulet d'huile. Faites-le cuire sous le gril du four, sur un gril en fonte chaud ou au barbecue, en l'enduisant de moutarde. Couvrez-le et laissez-le reposer 5 minutes avant de l'émincer.

3 Mélangez les pommes de terre avec le maïs, le lait et la ciboulette dans un grand saladier. Écrasez la préparation avec un presse-purée ou le dos d'une fourchette.

4 Servez le poulet avec la purée de pomme de terre et des quartiers de citron.

Jour 16

Menu

smoothie à la banane et au fruit de la passion | salade césar | moussaka et yaourt au citron

PETIT DÉJEUNER

Smoothie à la banane et au fruit de la passion

préparation 5 minutes • **pour 2 personnes**
par portion 0,5 g de lipides (dont 0,2 g d'acides gras saturés) ; 246 kcal ; 46 g de glucides ; 12,2 g de protéines ; 2,9 g de fibres

2 bananes moyennes (400 g)
250 ml de lait écrémé
200 g de yaourt allégé au fruit de la passion
1 pincée de noix de muscade

Mixez les bananes avec le lait et le yaourt jusqu'à obtention d'une préparation onctueuse. Saupoudrez de noix de muscade avant de servir.

Journal de Sarah
J'ai perdu près de 3,5 kg et j'ai du mal à y croire ! Voilà bien longtemps que je ne m'étais pas sentie aussi bien. J'ai enfin réussi à maîtriser mes envies de sucreries. Le smoothie était excellent ; j'ai congelé la banane hier soir pour avoir un petit déjeuner glacé. Habituellement, je ne suis pas fan de la salade césar, mais celle-ci m'a beaucoup plu. Quant au dîner, c'est celui que j'ai préféré depuis le début... Rien à voir avec un plat de régime !

Journal de Pamela
Sarah est superbe ! Nous sommes toujours aussi enthousiasmées par le régime, et Dieu sait combien nous en avons essayé à nous deux ! Nous savons donc de quoi nous parlons. Pour l'élaborer, nous nous sommes inspirées des recettes d'un diététicien, que nous avons adaptées. Et nous sommes si satisfaites que nous sommes prêtes à recommencer. Nous n'avons rien à perdre, sinon quelques kilos supplémentaires !

Nous aimons l'accord du fruit de la passion et de la banane, mais à vous de choisir le parfum du yaourt à votre guise. Les bananes bien mûres sont plus sucrées. Mais lorsqu'elles sont tout juste mûres, l'appareil digestif travaille davantage et brûle plus de calories.

Salade césar

préparation 10 minutes
cuisson 5 minutes • **pour 2 personnes**
par portion 8,7 g de lipides (dont 4,6 g d'acides
gras saturés) ; 472 kcal ; 60,8 g de glucides ;
32,7 g de protéines ; 8,3 g de fibres

2 tranches de pain de seigle (90 g)
2 tranches de prosciutto (30 g)
70 g de yaourt nature allégé
1 c. à s. de jus de citron
1 filet d'anchois, bien égoutté et finement haché
1 c. à c. de moutarde de Dijon
2 cœurs de laitue épluchés
1 œuf dur, coupé en fines rondelles

1→Préchauffez le four à 180 °C.
2→Écroûtez le pain avant de le détailler en petits cubes.
Mettez-les sur une plaque de cuisson et faites-les griller
5 minutes.
3→Pendant ce temps, faites revenir le prosciutto dans
une poêle, puis hachez-le grossièrement.
4→Mélangez le yaourt avec le jus de citron, l'anchois
et la moutarde dans un saladier. Ajoutez la laitue
et remuez délicatement.
5→Servez la laitue avec les croûtons, le prosciutto
et l'œuf.

EN-CAS

*1 concombre libanais
avec 1 cuillerée à soupe
de fromage*

Au lieu de préparer les croûtons dans le four, vous pouvez faire griller les tranches de pain dans un grille-pain ou sous le gril du four, puis les détailler en petits cubes. Séchez soigneusement le filet d'anchois avec du papier absorbant. Si vous consommez cette salade chez vous, faites pocher l'œuf plutôt que bouillir. Préparez l'assaisonnement au dernier moment.

Moussaka et yaourt au citron

préparation 15 minutes
cuisson 15 minutes • **pour 2 personnes**
par portion 6,9 g de lipides (dont 2,6 g d'acides gras saturés) ; 229 kcal ; 13,5 g de glucides ; 24,9 g de protéines ; 6,5 g de fibres

EN-CAS   *1 orange moyenne*

1 petit oignon jaune (80 g) finement haché
1 gousse d'ail pilée
1 c. à s. de bouillon de bœuf
170 g de bœuf maigre haché
2 petites tomates (180 g) coupées en morceaux
¼ de c. à c. de cannelle
¼ de c. à c. de noix de muscade
125 ml de bouillon de bœuf, en supplément
2 c. à s. de persil plat ciselé
2 c. à s. de basilic ciselé
1 aubergine moyenne (300 g)
1 petit poivron rouge (150 g) coupé en quatre
70 g de yaourt nature allégé
2 c. à c. de zeste de citron finement râpé
1 c. à s. de jus de citron
20 g de feuilles de roquette

1→Faites revenir l'oignon et l'ail avec le bouillon de bœuf dans une poêle. Ajoutez le bœuf, les tomates, les épices, puis laissez dorer le bœuf en remuant. Versez le bouillon supplémentaire et portez à ébullition. Laissez frémir 5 minutes à découvert, jusqu'à ce que le liquide soit absorbé. Retirez du feu et ajoutez les herbes.
2→Pendant ce temps, coupez l'aubergine en 6 tranches, dans la longueur. Jetez les 2 tranches extérieures. Faites cuire l'aubergine et le poivron sur un gril en fonte chaud (ou sous le gril du four ou au barbecue), jusqu'à ce qu'ils soient dorés.
3→Mélangez le yaourt avec le zeste et le jus de citron, dans un petit saladier.
4→Pour servir, superposez sur les assiettes la préparation au bœuf, l'aubergine, le poivron et la roquette. Arrosez de yaourt au citron.

Vous pouvez remplacer la roquette par des pousses d'épinard.

Jour 17

Menu

muesli à la pomme et aux airelles | salade de pâtes au saumon | salade de poulet au piment doux

PETIT DÉJEUNER

Muesli à la pomme et aux airelles

préparation 5 minutes + réfrigération • **pour 2 personnes**
par portion 3,2 g de lipides (dont 0,6 g d'acides gras saturés) ;
271 kcal ; 48,1 g de glucides ; 9,9 g de protéines ;
4,1 g de fibres

200 g de yaourt nature allégé
65 g de flocons d'avoine
80 ml de jus de pomme non sucré
1 petite pomme verte (130 g) râpée grossièrement
35 g d'airelles séchées

1→Mélangez le yaourt avec les flocons d'avoine et le jus de pomme dans un petit saladier. Couvrez et laissez 3 heures ou toute la nuit au réfrigérateur.
2→Ajoutez le reste des ingrédients juste avant de servir.

EN-CAS *1 petit bol de pop-corn nature (voir page 52)*

Journal de Sarah
C'était génial, ce matin, de trouver le petit déjeuner tout prêt dans le réfrigérateur (je l'avais préparé hier soir). J'ai toujours été une grande amatrice de muesli, et celui-ci ne m'a pas déçue. N'ayant pas particulièrement faim à l'heure du déjeuner, j'ai juste goûté à la salade. J'ai concocté le dîner pour des amis, qui ont été très contents. Une bonne idée de salade à emporter au travail !

Journal de Pamela
Jusqu'ici, j'ai perdu plus de kilos que Sarah, mais j'en avais aussi davantage au départ ! Sarah a été plus disciplinée que moi en ce qui concerne l'exercice, et elle s'est sans doute musclée, contrairement à moi. J'adore marcher, mais j'ai besoin d'être stimulée ! En tout cas, je me sens plus tonique depuis que j'ai minci, et je marche davantage et plus rapidement qu'avant.

200 g de melon charentais

Il n'est pas indispensable de laisser tremper les flocons d'avoine la veille, mais c'est préférable.
Les airelles sont riches en antioxydants, mais vous pouvez les remplacer par des raisins secs.

Salade de pâtes au saumon

préparation 10 minutes
cuisson 10 minutes • **pour 2 personnes**
par portion 8,5 g de lipides (dont 2,9 g d'acides
gras saturés) ; 445 kcal ; 56,4 g de glucides ;
32,3 g de protéines ; 5,1 g de fibres

Choisissez les pâtes que vous aimez pour préparer
cette délicieuse salade. Vous pouvez la préparer la veille
et la conserver au réfrigérateur.

150 g de pâtes torsadées
170 g d'asperges parées et coupées grossièrement
2 c. à s. de ricotta allégée
1 c. à c. de zeste de citron finement râpé
60 ml de jus de citron
1 gousse d'ail pilée
1 petit poivron rouge (150 g) émincé
2 c. à s. de persil plat ciselé
2 ciboules émincées
200 g de saumon en conserve, égoutté et émietté

1 Faites cuire les pâtes dans une grande casserole d'eau bouillante, à découvert. Ajoutez les asperges et faites-les blanchir 1 minute. Égouttez le tout.
2 Pendant ce temps, mélangez la ricotta avec le zeste et le jus de citron, ainsi que l'ail, dans un grand saladier. Incorporez les pâtes avec les asperges et le reste des ingrédients. Remuez délicatement.

Salade de poulet au piment doux

préparation 15 minutes
cuisson 10 minutes ● **pour 2 personnes**
par portion 2,9 g de lipides (dont 0,6 g d'acides gras saturés) ; 174 kcal ; 8,2 g de glucides ; 26,5 g de protéines ; 4,2 g de fibres

200 g de blancs de poulet

500 ml d'eau

100 g de germes de soja

1 petit poivron rouge (150 g) émincé

1 petite carotte (70 g) détaillée en julienne

1 long piment rouge émincé

2 c. à s. de feuilles de coriandre

3 cm de gingembre (15 g) détaillé en julienne

60 ml de jus de citron vert

1 c. à s. de sauce de piment doux

2 c. à c. de nuoc-mâm

1→Faites pocher les blancs de poulet 10 minutes à feu doux, à couvert, dans une grande casserole d'eau bouillante. Laissez-les refroidir 10 minutes dans le liquide. Égouttez-les avant de les détailler en grosses lamelles.

2→Mélangez le poulet avec les germes de soja, le poivron, la carotte, le piment, la coriandre et le gingembre dans un saladier.

3→Versez le jus de citron, la sauce de piment doux et le nuoc-mâm dans un shaker pour sauce à salade. Fermez et secouez pour bien mélanger. Arrosez la salade avec l'assaisonnement.

Jour 18

Menu

haricots au bacon | taboulé au thon | brochettes de bœuf et salade grecque

PETIT DÉJEUNER

Haricots au bacon

préparation 10 minutes
cuisson 11 minutes • **pour 2 personnes**
par portion 2,8 g de lipides (dont 0,5 g d'acides gras saturés) ; 297 kcal ; 43,3 g de glucides ; 17,3 g de protéines ; 13,4 g de fibres

1 petit oignon jaune (80 g) finement haché
1 gousse d'ail pilée
2 tranches de bacon maigres (30 g) finement hachées
400 g de chair de tomate en conserve
1 c. à s. de concentré de tomate
1 c. à s. de moutarde à l'ancienne
400 g de haricots blancs en conserve, rincés et égouttés
2 c. à s. de persil plat ciselé
2 tranches de pain de seigle (90 g) grillées

1→Faites revenir l'oignon, l'ail et le bacon dans une casserole moyenne préalablement chauffée. Ajoutez les tomates avec leur jus, le concentré de tomate et la moutarde. Laissez chauffer en remuant. Incorporez les haricots et remuez jusqu'à ce qu'ils soient chauds. Ajoutez le persil.
2→Servez les haricots avec les toasts.

Journal de Sarah

J'ai du mal à croire que le régime se termine à la fin de la semaine ; c'est passé tellement vite ! J'attends le dernier jour avec impatience pour me peser. J'ai adoré le petit déjeuner d'aujourd'hui ; c'est de loin mon préféré ! J'ai pris mon déjeuner sur le pouce, car nous avions beaucoup de travail. Heureusement, c'était une salade légère et néanmoins délicieuse.

Journal de Pamela

J'ai adoré les haricots au petit déjeuner ; ils sont excellents pour le transit. J'ai partagé la journée entre les tests, salés et sucrés. C'était un peu difficile de résister aux tentations, mais nous tenons bon, Sarah et moi, en veillant l'une sur l'autre. Je n'ai pas pu échapper à un déjeuner d'affaires très copieux (3 plats), arrosé avec un verre (ou deux ?) de champagne.

EN-CAS *2 kiwis*

1 petite poire

Tous les haricots en conserve peuvent être utilisés pour cette recette.
Nous avons utilisé les haricots cannelini.

Taboulé au thon

préparation 10 minutes • **pour 2 personnes**
par portion 2,4 g de lipides (dont 0,8 g d'acides gras saturés) ; 220 kcal ; 23,4 g de glucides ; 24 g de protéines ; 3,2 g de fibres

50 g de couscous

60 ml d'eau bouillante

185 g de thon en conserve, égoutté et émietté

3 c. à s. de persil plat ciselé

3 petites tomates (270 g) épépinées et coupées en dés

3 ciboules émincées

60 ml de jus de citron

1 gousse d'ail pilée

Mettez le couscous dans un saladier résistant à la chaleur et versez l'eau bouillante dessus. Laissez-le gonfler 5 minutes jusqu'à ce que l'eau soit entièrement absorbée. Incorporez le reste des ingrédients.

Préparez la salade la veille ou le matin, et gardez-la au réfrigérateur.

Brochettes de bœuf et salade grecque

préparation 15 minutes
cuisson 10 minutes • **pour 2 personnes**
par portion 5,4 g de lipides (dont 1,8 g d'acides gras saturés) ; 244 kcal ; 8,7 g de glucides ; 37,8 g de protéines ; 4 g de fibres

Faites tremper 4 brochettes de bambou 10 minutes (ou mieux, toute la nuit) dans de l'eau froide avant emploi, pour éviter qu'elles ne se déforment pendant la cuisson. Vous pouvez aussi utiliser des brochettes en métal.

300 g de rumsteck coupé en cubes de 2 cm de côté
1 c. à s. de thym finement haché
huile végétale en spray
2 petites tomates (190 g) coupées en morceaux
1 petit poivron vert (150 g) haché grossièrement
30 g d'olives noires dénoyautées
1 concombre libanais (130 g) coupé en morceaux
1 c. à s. de persil plat ciselé

1 Mélangez le bœuf et le thym dans un saladier, puis enfilez le bœuf sur des brochettes. Badigeonnez les brochettes d'huile et faites-les cuire sur le gril en fonte chaud (ou sous le gril du four, ou au barbecue).

2 Pendant ce temps, mélangez le reste des ingrédients dans un saladier.

3 Servez les brochettes avec la salade et des quartiers de citron.

Jour 19

Menu

petit déjeuner surprise | sandwich au poulet et au bacon | poisson cajun et riz pilaf

PETIT DÉJEUNER

Petit déjeuner surprise

préparation 5 minutes
cuisson 10 minutes • **pour 2 personnes**
par portion 1,5 g de lipides (dont 0,1 g d'acides gras saturés) ; 156 kcal ; 22,5 g de glucides ; 8,9 g de protéines ; 7,6 g de fibres

2 petites tomates (180 g) coupées en quatre
1 c. à s. de vinaigre balsamique
150 g de champignons de Paris émincés
100 g de pousses d'épinard
2 c. à s. de basilic ciselé
2 tranches de pain de seigle (90 g) grillées

1 Préchauffez le four à 220 °C.
2 Mettez les tomates dans un plat à four. Arrosez-les avec la moitié du vinaigre et faites-les rôtir 10 minutes à découvert.
3 Pendant ce temps, faites cuire les champignons et les pousses d'épinard avec le reste de vinaigre, dans une grande poêle. Lorsque les champignons sont tendres et que les épinards commencent à fondre, ajoutez les tomates rôties et le basilic.
4 Pour servir, dressez la préparation aux tomates et aux champignons sur les toasts.

Journal de Sarah

J'ai acheté un jeans hier soir, le premier depuis 3 ans ! Comme j'étais pressée ce matin, j'ai pris un bol de muesli au son et aux airelles au petit déjeuner (jour 4). Le dîner était délicieux ; je n'avais pas mangé de pilaf depuis bien longtemps.

Journal de Pamela

Je n'avais encore jamais vu Sarah en jeans ; ça lui va à la perfection ! Le menu d'aujourd'hui était royal. Le petit déjeuner était bel et bien une surprise ; on a du mal à croire que c'est un plat de régime. Le sandwich du déjeuner était délicieux, et le poisson au pilaf, très réussi !

EN-CAS   *125 g de raisin*

1 petite pomme

Pour réussir cette préparation,
choisissez des tomates bien parfumées.
Nous avons utilisé du vinaigre balsamique du supermarché.
Si vous en avez un de très bonne qualité, 1 cuillerée à café
suffira pour cette recette.

Sandwich au poulet et au bacon

préparation 10 minutes
cuisson 8 minutes • **pour 2 personnes**
par portion 5,6 g de lipides (dont 1,2 g d'acides gras saturés) ; 349 kcal ; 41,5 g de glucides ; 29,1 g de protéines ; 6,8 g de fibres

huile végétale en spray
100 g de blanc de poulet
2 tranches de bacon maigre (30 g)
4 tranches de pain de seigle (180 g)
grillées
65 g de fromage frais allégé
20 g de feuilles de roquette
1 petite tomate (90 g)
coupée en fines rondelles

Ce sandwich est meilleur chaud. Mais si vous ne pouvez pas préparer le poulet et le bacon à la dernière minute, faites-le le matin et assemblez votre sandwich sur votre lieu de travail.

1 Huilez une poêle et faites-la chauffer, puis faites cuire le poulet. Couvrez-le et laissez-le reposer 5 minutes avant de le détailler en fines lamelles.
2 Faites revenir le bacon dans la même poêle.

3 Tartinez 2 tranches de pain avec la moitié du fromage frais. Couvrez avec la roquette, la tomate, le poulet, le bacon, le reste de fromage frais et de pain.

Poisson cajun et riz pilaf

préparation 10 minutes
cuisson 20 minutes • **pour 2 personnes**
par portion 6,6 g de lipides (dont 1,9 g d'acides gras saturés) ; 514 kcal ; 64,7 g de glucides ; 46 g de protéines ; 3,8 g de fibres

Choisissez des filets ou des darnes de n'importe quel poisson blanc à chair ferme.

huile végétale en spray
1 petit oignon jaune (80 g) finement haché
2 branches de céleri épluchées (200 g) et finement hachées
2 gousses d'ail pilées
¼ de c. à c. de cannelle
2 clous de girofle
¼ de c. à c. de curcuma
150 g de riz à longs grains
500 ml de bouillon de poule
1 c. à s. de persil plat ciselé
2 filets de poisson blanc à chair ferme de 180 g chacun
2 c. à c. de mélange d'épices cajun

1→Huilez une poêle, faites-la chauffer, puis faites revenir l'oignon, le céleri et l'ail pendant 5 minutes. Ajoutez les épices et remuez jusqu'à ce qu'elles exhalent leurs parfums. Incorporez le riz, en l'enrobant soigneusement avec la préparation. Versez le bouillon et portez à ébullition. Laissez frémir 20 minutes à couvert, jusqu'à ce que le riz soit tendre et le liquide absorbé. Ajoutez le persil.
2→Pendant ce temps, huilez une poêle et faites-la chauffer. Saupoudrez le poisson d'épices cajun avant de le cuire dans la poêle.
3 Servez le poisson avec le riz pilaf.

Jour 20

Menu

muffins au muesli | flan à la tomate, à la courgette et à l'origan | poulet teriyaki aux nouilles

---

PETIT DÉJEUNER

Muffins au muesli

préparation 5 minutes
cuisson 25 minutes • **pour 2 personnes**
par muffin 9,1 g de lipides (dont 2,2 g d'acides gras saturés) ; 420 kcal ; 64,7 g de glucides ; 16,2 g de protéines ; 5,7 g de fibres

huile végétale en spray
60 g de muesli au son et aux airelles
(voir recette page 32)
1 c. à c. d'huile végétale supplémentaire
140 g de yaourt nature allégé
1 œuf
100 g de farine à levure incorporée
2 c. à c. de zeste d'orange finement râpé
¼ de c. à c. d'épices mélangées
1 c. à s. de sucre roux demerara
1 c. à s. de ricotta allégée

1 Préchauffez le four à 180 °C. Huilez 6 alvéoles de 80 ml d'un moule à muffins ou chemisez-les avec des caissettes en papier.
2 Mélangez le muesli, l'huile, le yaourt, l'œuf, la farine, le zeste d'orange et les épices avec une fourchette, dans un saladier.
3 Répartissez la préparation dans les alvéoles du moule et saupoudrez de sucre. Faites cuire 25 minutes au four.
4 Servez 2 muffins par personne, avec la ricotta.

EN-CAS *1 petite poire*

125 g de fraises

Journal de Sarah

Demain, c'est terminé !
C'est incroyable comme le temps passe vite quand on perd du poids ! Les muffins étaient un vrai régal au petit déjeuner ; j'ai remplacé le zeste d'orange par du zeste de citron. Le déjeuner m'a bien plu, même si je n'apprécie pas particulièrement l'origan. J'ai dîné au restaurant avec des amis et j'ai eu du mal à choisir un plat diététique sur le menu. Pour rester raisonnable, j'ai renoncé au vin et je n'ai même pas regardé la carte des desserts.

Journal de Pamela

Nous avons décidé d'une période de 21 jours pour le régime pour la raison suivante : 1 ou 2 semaines ne nous paraissaient pas suffisantes, et 3 semaines ne sont pas trop pour celui ou celle qui veut le recommencer. Il est idéal pour les personnes qui souhaitent mincir pour une occasion spéciale, ou rentrer dans un vêtement qu'elles ne pouvaient plus porter. Et comme ce n'est pas un régime draconien, vous ne vous sentirez pas fatigué(e).

Ces muffins se conservent 3 mois au congélateur, dans un récipient hermétique. Ils sont délicieux chauds ; 20 secondes suffisent pour les réchauffer au micro-ondes.

Flan à la tomate,
à la courgette et à l'origan

préparation 10 minutes
cuisson 35 minutes • **pour 2 personnes**
par portion 3,3 g de lipides (dont 1,1 g d'acides gras saturés) ; 109 kcal ; 3,1 g de glucides ; 15,7 g de protéines ; 2,1 g de fibres

Ce flan se consomme chaud ou froid et peut se préparer la veille. Gardez-le au réfrigérateur.

- 125 g de tomates cerises
- 1 œuf
- 3 blancs d'œufs
- 65 g de fromage frais allégé
- 1 gousse d'ail pilée
- 1 petite courgette (90 g) râpée grossièrement
- 2 c. à s. de feuilles d'origan hachées
- 30 g de pousses d'épinard

1 Préchauffez le four à 200 °C. Chemisez de papier sulfurisé un moule à cake de 8 x 21 cm.
2 Faites cuire les tomates 10 minutes dans le moule.
3 Pendant ce temps, mélangez l'œuf, les blancs d'œufs, le fromage frais et l'ail dans un saladier.

4 Sortez le moule du four et baissez la température à 160 °C.
5 Répartissez la courgette et l'origan sur les tomates, versez dessus la préparation à l'œuf. Faites cuire 25 minutes, jusqu'à ce que la préparation soit ferme.
6 Servez le flan avec les pousses d'épinard.

Poulet teriyaki aux nouilles

préparation 10 minutes + marinade
cuisson 10 minutes • **pour 2 personnes**
par portion 4,3 g de lipides (dont 0,8 g d'acides gras saturés) ; 425 kcal ; 59 g de glucides ; 33,7 g de protéines ; 5,2 g de fibres

160 g de blancs de poulet émincés
80 ml de sauce teriyaki
1 gousse d'ail pilée
huile végétale en spray
1 petit oignon rouge (100 g) coupé en quartiers
80 ml de bouillon de poule
200 g de nouilles udon
100 g de pois gourmands coupés en deux dans le sens de la longueur
80 g de germes de soja
1 petit piment thaï rouge émincé

Comme pour toutes les recettes au wok, préparez soigneusement les ingrédients avant de les cuire. Si vous n'aimez pas le piment, laissez-le de côté.

1→Mélangez le poulet avec la moitié de la sauce teriyaki et l'ail, dans un saladier. Couvrez et laissez mariner 30 minutes au réfrigérateur.
2→Huilez un wok et faites-le chauffer pour cuire le poulet en plusieurs fois, jusqu'à ce qu'il soit doré.
3→Videz le wok et faites revenir l'oignon pendant 1 minute. Remettez le poulet dans le wok avec le reste de la sauce teriyaki, le bouillon, les nouilles et les pois gourmands. Laissez chauffer la préparation en remuant.
4→Pour servir, garnissez la préparation de germes de soja et de piment.

Jour 21

Menu

toast à l'œuf et au bacon | tortilla au poulet et à la courge | crevettes sautées au miel et au citron

Toast à l'œuf et au bacon

préparation 5 minutes
cuisson 15 minutes • **pour 2 personnes**
par portion 7,2 g de lipides (dont 2 g d'acides
gras saturés) ; 214 kcal ; 21 g de glucides ;
21 g de protéines ; 3,6 g de fibres

2 tranches de bacon maigre (30 g)
finement hachées
2 œufs
2 tranches de pain de seigle (90 g) grillées
1 petite tomate (90 g) coupée en petits dés

1 →Préchauffez le four à 200 °C.
2 →Répartissez le bacon dans 2 alvéoles de 80 ml
d'un moule à muffins. Cassez 1 œuf dans chacune
et faites cuire 15 minutes. Décollez les œufs des alvéoles.
3 →Pour servir, dressez les œufs au bacon sur les toasts
et garnissez-les de tomate.

Journal de Sarah
*J'ai perdu 5 kg, et sans aucune
difficulté ! Je me sens en pleine
forme, à tel point que j'ai décidé,
avec Pamela, de recommencer
le régime dès demain. Remplie
d'énergie, je suis de nouveau
prête à entamer ces 3 semaines
de menus savoureux, pour
perdre encore quelques kilos.*

Journal de Pamela
*J'ai perdu près de 6 kg
pendant ces 3 semaines,
et pourtant, comme je vous
l'ai dit, j'ai fait plusieurs fois
des écarts. C'est un régime
facile à suivre ; les recettes
sont d'une simplicité enfantine
et très diététiques. Il s'agit
essentiellement d'un régime
« basses calories », avec lequel
on perd obligatoirement
du poids. Essayez vous aussi,
mais par mesure de sécurité,
consultez un médecin
au préalable.*

Tortilla au poulet et à la courge

préparation 10 minutes
cuisson 10 minutes • **pour 2 personnes**
par portion 6,4 g de lipides (dont 1,5 g d'acides gras saturés) ; 286 kcal ; 26,1 g de glucides ; 29,1 g de protéines ; 3 g de fibres

160 g de blanc de poulet
1 c. à s. de sauce à tacos
huile végétale en spray
150 g de courge butternut
coupée en cubes de 1 cm de côté
2 c. à s. de coriandre ciselée
65 g de fromage frais allégé
2 ciboules finement hachées
2 c. à s. de jus de citron vert
1 gousse d'ail pilée
2 tortillas de 15 cm de diamètre

EN-CAS *1 muffin au muesli (jour 20)*

1→Mélangez le poulet et la sauce à tacos dans un petit saladier.
2→Huilez une poêle, faites-la chauffer, puis faites cuire le poulet 5 minutes d'un côté. Retournez-le et ajoutez la courge. Poursuivez la cuisson pendant 5 minutes à découvert.
3→Hachez le poulet grossièrement avant de le mélanger avec la courge et la coriandre.
4→Mélangez le fromage, les ciboules, le jus de citron et l'ail dans un petit saladier, puis remuez délicatement.
5→Garnissez une tortilla avec la préparation au fromage frais, puis celle au poulet. Couvrez avec l'autre tortilla et découpez en quatre.

Préparez la garniture la veille et garnissez les tortillas le matin.
Si vous disposez d'un gril à paninis, faites chauffer les tortillas.

Crevettes sautées au miel et au citron

préparation 15 minutes
cuisson 20 minutes • **pour 2 personnes**
par portion 2,1 g de lipides (dont 0,3 g d'acides gras saturés) ; 361 kcal ; 43,8 g de glucides ; 38,6 g de protéines ; 4,1 g de fibres

EN-CAS   *100 g de yaourt aux fruits allégé*

65 g de riz blanc à longs grains
1 c. à c. de graines de sésame
650 g de gambas crues décortiquées (gardez la queue)
1 petit oignon jaune (80 g) coupé en quartiers
300 g de wombok émincé
1 petite carotte (70 g) coupée en julienne
2 c. à s. de jus de citron
1 c. à s. de miel
2 cm de gingembre (10 g), râpé
2 ciboules émincées

1→Faites cuire le riz dans une casserole d'eau bouillante, puis égouttez-le.
2→Pendant ce temps, faites griller les graines de sésame dans un wok chaud. Retirez-les.
3→Faites cuire les gambas dans le wok, puis retirez-les.
4→Faites revenir l'oignon 3 minutes dans le wok. Remettez les gambas dans le wok avec le wombok, la carotte, le jus de citron, le miel et le gingembre. Faites sauter la préparation jusqu'à ce qu'elle soit chaude.
5→ Garnissez la préparation de graines de sésame et de ciboules. Servez avec le riz.

Pensez à préparer tous les ingrédients avant de les cuire.
Vous pouvez remplacer le riz blanc par du riz brun.

Liste des courses

Placard à épicerie

Huile végétale en spray

Vinaigre balsamique

Mayonnaise allégée

Moutarde de Dijon

Moutarde à l'ancienne

500 ml de bouillon de bœuf

500 ml de bouillon de légumes

1 litre de bouillon de poule

3 boîtes de 125 g de pois chiches

1 boîte de 300 g de pois chiches

1 boîte de 400 g de haricots blancs

1 boîte de 125 g de haricots blancs ou rouges

1 boîte de 400 g de lentilles brunes

3 boîtes de 300 g de maïs

5 boîtes de thon moyennes

1 boîte de 200 g de saumon

1 petite boîte de filets d'anchois

2 boîtes de 400 g de chair de tomate

1 petit tube de concentré de tomate

1 petite boîte de lait de coco allégé

1 petite bouteille de sauce de piment doux

1 petite bouteille de nuoc-mâm

1 petite bouteille de sauce teriyaki

1 petite bouteille de sauce hoisin

1 petite bouteille de sauce d'huître

1 petite bouteille de sauce soja claire

1 petit bocal de câpres

1 petit bocal de cornichons

Sauce aux airelles

Poivre vert

Graines de sésame

Curry en poudre

Cumin en poudre

Flocons de piment séché

Sumac

Poudre tandoori

Épices cajun en poudre

Fenouil en poudre

Curcuma

Muscade en poudre

Cannelle en poudre

Mélange d'épices

Clous de girofle entiers

Sauce à tacos

9 tortillas

1 petit paquet de pappadums

1 gros paquet de riz brun

1 petit paquet de riz blanc à longs grains

1 paquet de 250 g de couscous

1 petit paquet de linguine ou de spaghettis

1 petit paquet de pâtes torsadées

1 petit paquet de nouilles udon (200 g)

1 petit paquet de flocons d'avoine

1 petit paquet d'All-Bran

Farine blanche à levure incorporée

Farine complète à levure incorporée

1 petit paquet de cassonade

1 petit pot de miel

1 paquet de galettes de maïs soufflé

1 paquet de maïs à pop-corn

Airelles séchées (80 g)

1 petit paquet de dattes sèches

1 petite bouteille de jus d'airelle (ou de *cranberry*)

Congélateur

1 petit paquet de petits pois surgelés

Réfrigérateur

4 yaourts aux fruits allégés

2 yaourts nature allégés

1 pot de 200 g de ricotta allégée

Fromage frais allégé (200 g)

30 cl de lait fermenté

50 cl de lait écrémé

12 œufs

Fruits et légumes

600 g de melon charentais

200 g de melon vert

200 g de pastèque

1 mangue moyenne

1 barquette de myrtilles

4 abricots, prunes ou kiwis

4 petites pommes

2 petites bananes

250 g de raisin

5 citrons

2 citrons verts

4 oranges

2 petites poires

250 g de fraises

5 petites tomates

125 g de tomates cerises

125 g de petites tomates jaunes

3 petits poivrons rouges

1 petit piment rouge thaï frais

1 long piment rouge frais

1 botte de basilic

1 botte de menthe

2 bottes de coriandre

2 bottes de persil plat

160 g de pousses d'épinard

170 g de roquette

1 botte de ciboules

1 botte de radis rouges (300 g)

150 g de pois gourmands

4 fruits de la passion

1 pak choï

170 g d'asperges

100 g de haricots verts

2 concombres libanais

¼ de chou (80 g)

4 petites courgettes (360 g)

4 petites carottes

160 g de gros champignons à farcir

200 g de courge butternut

650 g de patates douces

6 petites pommes de terre nouvelles (240 g)

2 petits oignons jaunes

4 petits oignons rouges

1 tête d'ail (10 gousses)

Viande, poisson et fruits de mer

480 g de blancs de poulet

4 côtes d'agneau (200 g)

180 g de rumsteck

2 côtes de porc (280 g)

180 g de bœuf maigre haché

320 g de filets de poisson à chair blanche

400 g de cocktail de fruits de mer

75 g de jambon en dés

4 tranches de rosbif saignant (120 g)

Divers

1 paquet de muffins anglais multicéréale

1 petit pain de seigle

1 paquet de pain lavash

LISTE DES COURSES SEMAINE 2

Réfrigérateur

8 yaourts aux fruits allégés

1 yaourt nature allégé

250 g de fromage frais allégé

2 pots de 200 g de ricotta allégée

30 g de feta allégée

50 cl de lait écrémé

30 cl de lait fermenté

12 œufs

Fruits et légumes

800 g de pastèque

500 g de fraises

75 g de myrtilles

135 g de framboises

1 pamplemousse rose

6 petites bananes

2 petites pommes

3 petites poires

4 kiwis

2 oranges moyennes

4 fruits de la passion

250 g de raisin

3 citrons

4 citrons verts

6 petites tomates

250 g de tomates cerises

3 petits poivrons rouges

2 petits piments thaïs rouges frais

2 longs piments rouges frais

1 botte de basilic

2 bottes de menthe

1 botte d'aneth

1 botte de ciboulette

2 bottes de coriandre

2 bottes de persil plat

30 g de roquette

60 g de pousses d'épinard

30 g de pousses de pois gourmand

2 bottes de ciboules (16 ciboules)

2 concombres libanais

6 branches de céleri

150 g de haricots verts

1 laitue iceberg

2 épis de maïs

115 g de maïs

80 g de germes de soja

350 g de cresson

170 g d'asperges

175 g de broccolini

3 petites carottes

320 g de gros champignons de Paris

3 petits oignons rouges

400 g de pommes de terre ratte

400 g de patate douce

150 g de courge butternut

Gingembre (environ 35 g)

1 tête d'ail (8 gousses)

Viande, poisson et fruits de mer

600 g de blancs de poulet

200 g de gigot d'agneau

200 g de rumsteck

2 steaks dans le filet (250 g)

220 g de bœuf maigre haché

250 g de filet de porc

30 g de prosciutto

80 g de dinde hachée

300 g de filets de poisson blanc à chair ferme

250 g de petites crevettes cuites

150 g de jambon haché

Divers

1 petit pain de seigle

1 paquet de grandes pitas à la farine complète

LISTE DES COURSES SEMAINE 3

Réfrigérateur

2 yaourts allégés au fruit de la passion

4 yaourts aux fruits allégés

5 yaourts nature allégés

1 pot de 200 g de ricotta allégée

250 g de fromage frais allégé

30 cl de lait écrémé

8 œufs

Jus de pomme non sucré

Fruits et légumes

310 g de fraises

2 bananes moyennes (400 g)

5 petites pommes

4 petites poires

400 g de melon charentais

250 g de raisin

4 kiwis

1 pamplemousse rose moyen (425 g)

5 oranges moyennes

6 citrons

4 citrons verts

250 g de tomates en grappes

125 g de tomates cerises

11 petites tomates

3 petits poivrons rouges

1 petit poivron vert

3 concombres libanais

1 aubergine moyenne (300 g)

1 petit piment rouge thaï frais

1 long piment rouge frais

1 botte de thym frais

1 botte d'origan

1 botte de basilic

1 botte d'aneth

4 bottes de persil plat

1 botte de coriandre

1 botte de ciboules

1 botte de ciboulette

150 g de pousses d'épinard

40 g de roquette

2 cœurs de laitue

170 g d'asperges

1 petite courgette

4 branches de céleri

300 g de wombok

180 g de germes de soja

100 g de pois gourmands

4 petits oignons jaunes

2 petits oignons rouges

150 g de champignons de Paris

150 g de courge butternut

2 petites carottes

3 pommes de terre moyennes (600 g)

30 g de gingembre

1 tête d'ail (9 gousses)

Viande, poisson et fruits de mer

880 g de blancs de poulet

300 g de rumsteck

170 g de bœuf maigre haché

6 tranches de bacon maigre

30 g de prosciutto

360 g de filets de poisson blanc à chair ferme

650 g de gambas crues

Divers

1 pain de seigle

30 g d'olives noires

Glossaire

AIRELLE SÉCHÉE En vente dans les magasins bio.

ALL-BRAN Marque de céréales à base de son de blé.

BASILIC Herbe aromatique au parfum puissant, dont il existe différentes variétés, à feuillage vert ou pourpre, à grandes ou petites feuilles.

BOUILLON Disponible sous forme de liquide concentré, en poudre ou en cubes. À titre d'exemple, 1 cuillerée à café de poudre ou 1 cube émietté et délayé avec 250 ml d'eau permettent d'obtenir un bouillon bien relevé. N'abusez toutefois pas de ces bouillons vendus dans le commerce, riches en sel et en matières grasses.

BROCCOLINI Cet hybride de chou chinois et de brocoli, créé au Japon, présente de longues tiges fines comestibles, évoquant des asperges. Elles se terminent par des bouquets qui ressemblent à ceux du brocoli, mais de saveur plus douce.

CÂPRE Bouton à fleurs gris-vert du câprier, arbuste méditerranéen, vendu en conserve, baignant dans une saumure. Il doit être rincé soigneusement avant emploi.

CASSONADE Sucre roux de canne cristallisé, au léger goût de rhum.

COCKTAIL DE FRUITS DE MER Mélange de fruits de mer : anneaux de calamar, moules, crevettes, etc. On en trouve dans les magasins de produits surgelés.

CONCOMBRE LIBANAIS Petit concombre à peau fine et comestible, offrant une saveur agréable et rafraîchissante.

CORIANDRE Les feuilles de cette herbe aromatique s'ajoutent dans les plats juste avant de servir, pour préserver au mieux leur saveur subtile. Les tiges et les racines, soigneusement lavées, s'emploient également dans la cuisine thaïe. Les graines entières ou moulues ne peuvent pas remplacer les feuilles, ou *vice versa*, car elles offrent une saveur différente.

CORNICHON Petit concombre cueilli avant maturité et mis en conserve dans le vinaigre pour être utilisé comme condiment.

COURGETTE Légume le plus souvent vert, mais aussi jaune ou blanc, appartement à la famille des courges.

COUSCOUS Semoule de blé dur, à grains plus ou moins fins qui gonflent en cuisant à la vapeur ou en trempant dans un liquide chaud.

CRESSON Plante aux feuilles vert foncé, à la saveur piquante. Se conservant mal, il doit être utilisé aussitôt après l'achat.

ÉPICES

cajun Mélange d'épices et d'herbes aromatiques comprenant du basilic, du paprika, de l'estragon, de l'oignon, du fenouil, du thym et du piment de Cayenne.

cannelle Écorce interne des pousses du cannelier, disponible sous forme de bâtons et de poudre.

clou de girofle Boutons floral séché d'un arbre tropical, offrant une saveur et une odeur affirmées, et employé entier ou moulu.

cumin Épice à la saveur relevée, vendue en graines ou en poudre.

curcuma Cette épice relève les plats de sa couleur jaune d'or et de son goût légèrement amer.

fenouil en poudre Graines du fenouil séchées et réduites en poudre, au goût d'anis.

grain de poivre vert Grain du poivrier qui n'est pas encore parvenu à maturité. Commercialisé sec ou en saumure, il offre une saveur fraîche, moins affirmée que celle des autres grains de poivre.

mélange d'épices Mélange d'épices moulues à base de cannelle, muscade et poivre de la Jamaïque.

muscade Graine séchée d'un arbre à feuilles persistantes, vendue moulue ou entière (et que l'on râpe).

poudre de curry Mélange d'épices moulues à base de piment séché, cannelle, macis, coriandre, cumin, fenouil, fenugrec, cardamome et curcuma. Choisissez une variété douce ou forte selon vos goûts et la recette.

poudre tandoori Mélange d'épices utilisé dans la préparation des plats tandoori en Inde, à base de paprika, cumin, coriandre, curcuma, gingembre, cannelle, fenugrec, poivron, piment, cardamome, carvi et menthe.

sumac Épice rouge violacé, à saveur acidulée et effet astringent, provenant des baies d'un arbuste méditerranéen.

FILET DE POISSON BLANC À CHAIR FERME Différentes variétés de filets sans arêtes peuvent être utilisées : cabillaud, dorade, flétan, bar, lotte, espadon.

FLOCON D'AVOINE Graine d'avoine aplatie, servant traditionnellement à la fabrication de la bouillie dans les pays anglo-saxons. Les flocons d'avoine sont disponibles précuits dans le commerce, mais doivent être utilisés crus dans les préparations cuites.

FROMAGE

feta Fromage grec fabriqué traditionnellement avec du lait de brebis, offrant une consistance friable et une saveur salée.

ricotta Fromage à pâte fraîche d'origine italienne, fabriqué avec du lait de brebis, de chèvre ou de vache, de couleur blanche et de texture légèrement granuleuse.

GALETTE SOUFFLÉE Galette croustillante à base de céréales diverses soufflées : blé, seigle, maïs, riz. On en trouve aussi au quinoa et à la châtaigne dans les magasins bio.

GRAINE GERMÉE Parmi les variétés les plus répandues figurent les germes de soja, les graines d'alfalfa (luzerne) et les pousses de pois gourmand. On trouve dans le commerce des mélanges rassemblant plusieurs variétés.

HARICOT BLANC Terme générique désignant diverses variétés de haricots secs de couleur blanche.

LAIT FERMENTÉ Lait à saveur aigrelette, pauvre en matières grasses, qui se vend dans les rayons de produits laitiers des supermarchés. Le lait ribot, fabriqué traditionnellement en Bretagne, est un lait fermenté.

LENTILLE Légumineuse aux graines de couleurs variées : vertes (lentilles du Puy), blondes, brunes, corail.

LINGUINE Spaghettis plats.

MOUTARDE À L'ANCIENNE Moutarde fabriquée avec des graines noires ou brunes grossièrement broyées pour préserver leur intégralité.

NOUILLES UDON Disponibles fraîches ou sèches, ces nouilles de blé japonaises, larges et blanches, participent notamment à la confection des soupes.

ORIGAN FRAIS Herbe aromatique proche de la marjolaine, présentant des tiges ligneuses et de petites feuilles vert foncé à l'arôme poivré, puissant. Apparentée à la famille de la menthe.

PAIN

muffin anglais Petit pain à pâte levée, servi traditionnellement avec le thé en Angleterre. Vendu précuit dans les supermarchés, il se consomme coupé en deux dans l'épaisseur et grillé.

pita Pain plat et rond d'origine libanaise, à base de farine de blé, qui s'ouvre dans l'épaisseur pour recevoir diverses garnitures.

tortilla Galette de blé ou de maïs originaire du Mexique.

PAK CHOÏ Chou chinois à côtes épaisses et larges feuilles, comme la bette ; se distingue par son léger goût de moutarde.

PAPPADUM Galette indienne croustillante à base de farine de lentille et de riz, d'huile et d'épices.

PERSIL PLAT Variété de persil à larges feuilles plates, également appelé persil italien.

POIS CHICHE Les graines de forme irrégulière, couleur sable, de cette légumineuse participent notamment à la confection de l'houmous, spécialité libanaise.

POIVRON Existant dans une variété de couleurs (vert, jaune, rouge, orange et même violet), le poivron doit être épépiné et débarrassé de ses membranes intérieures avant emploi.

POMME DE TERRE RATTE Petite pomme de terre de forme allongée, à chair ferme, fine.

PROSCIUTTO Jambon cru italien, non fumé.

ROQUETTE Plante aux petites feuilles à la saveur poivrée, qui se consomment en salade, comme les pousses d'épinard.

SAUCE

à tacos Condiment mexicain à base de piments, d'origan, de cumin et autres épices.

aux airelles À base d'airelles cuites dans un sirop de sucre.

de piment doux Condiment doux à base de piments rouges, sucre, ail et vinaigre de vin blanc.

de poisson Également appelée naam pla ou nuoc-mâm. Sauce à base de poisson fermenté et réduit en poudre (comme les anchois), offrant une saveur et une odeur affirmées.

d'huître Condiment de couleur brune, à saveur forte, à base d'huîtres, de sel, de sauce soja, et épaissi avec de l'amidon.

hoisin Condiment chinois épais, piquant, à base de fèves de soja fermentées, piment, oignons et ail.

soja claire Sauce liquide, claire et salée, qui rehausse les plats dans lesquels la couleur des ingrédients doit être préservée.

soja japonaise Condiment pauvre en sodium, à teneur plus élevée en blé que son équivalent chinois.

teriyaki Condiment japonais à base de mirin, sucre, sauce soja, gingembre et autres épices.

THYM FRAIS Herbe aromatique, membre de la famille de la menthe, dont les minuscules feuilles gris-vert exhalent un puissant arôme, mélange de menthe et de citron.

TOMATE

cerise Petite tomate ronde.

concentré de Purée de tomate concentrée 3 fois.

jaune Variété de tomate de couleur jaune, petite ou grosse, de forme arrondie ou allongée.

olivette Tomate de forme ovale, également appelée roma.

VINAIGRE BALSAMIQUE Vinaigre foncé et sirupeux, de saveur aigre-douce, fabriqué avec des raisins trebbiano.

WOMBOK Également appelé chou chinois. Légume de forme allongée, aux feuilles frisées vert clair.

YAOURT

aux fruits allégé Nous avons utilisé des yaourts parfumés aux fruits, à base de lait écrémé et sucrés artificiellement.

nature allégé Nous avons utilisé du yaourt nature contenant moins de 0,2 % de matières grasses.

Index

A

agneau

au prosciutto et aux pommes de terre rôties 58

côtes d'agneau épicées à la courge et à la coriandre 21

airelles

muesli à la pomme et aux airelles 92

rouleau de dinde aux airelles 56

salade de pastèque aux framboises et aux airelles 64

B

beignets de maïs 40

bœuf

au poivre et à la patate douce 81

brochettes de bœuf et salade grecque 99

rissoles de bœuf et salade de betteraves 67

salade de bœuf à la menthe et au concombre 62

sandwich de rosbif au coleslaw 30

sauté au sésame 39

boissons

lassi de mangue 28

smoothie à la banane et au fruit de la passion 86

smoothie aux fruits rouges 50

brochettes de bœuf et salade grecque 99

C

champignons rôtis à la ricotta 72

chili con carne 26

côtes d'agneau épicées à la courge et à la coriandre 21

côtes de porc à la purée de pois chiche 49

crevettes sautées au miel et au citron 112

curry de poulet à la courge 74

F

flan à la tomate, à la courgette et à l'origan 106

frittata aux asperges et à la roquette 42

H

haricots au bacon 96

J

jambon

pizza au jambon, à la tomate et à la roquette 71

rouleaux de jambon à la ricotta et au basilic 38

L

lassi de mangue 28

linguine marinara 44

M

melon au yaourt et au citron vert 18

moussaka et yaourt au citron 90

muesli

à la poire et au yaourt 68

à la pomme et aux airelles 92

au son et aux airelles 32

muffins au muesli 104

muffin

à l'œuf et à la tomate 36

au muesli 104

O

œufs

brouillés aux asperges 78

muffin à l'œuf et à la tomate 36

omelette aux épinards 54

salade niçoise 24

sandwich à l'œuf et à la ciboulette 70

toast à l'œuf et au bacon 108

omelette aux épinards 54

P

petit déjeuner surprise 100

petits pains aux dattes 46

pizza au jambon, à la tomate et à la roquette 71

poisson et fruits de mer

crevettes sautées au miel et au citron 112

linguine marinara 44

poisson au cumin et salsa de maïs grillé 63

poisson au sumac et salade de couscous 31

poisson cajun et riz pilaf 103

salade de crevettes thaïe 80

salade de lentilles au thon et à la tomate 52

salade de pâtes au saumon 94

salade de thon et de patate douce à l'orange 34

salade niçoise 24

sandwich au thon, au céleri et à l'aneth 84

taboulé au thon 98

pommes de terre

poulet grillé à la moutarde
et purée de pomme de terre 85

salade niçoise 24

porc

côtes de porc à la purée de pois chiche 49

hoisin avec salade de cresson 76

poulet

curry de poulet à la courge 74

grillé à la moutarde et purée de pomme de terre 85

rouleaux de poulet aux crudités 20

salade chaude de poulet tandoori 35

salade croquante au poulet 53

salade de poulet au piment doux 95

salade waldorf au poulet 66

sandwich au poulet et au bacon 102

teriyaki aux nouilles 107

tortilla au poulet et à la courge 110

R

ricotta

rouleaux de jambon à la ricotta et au basilic 38

toast à la ricotta et à la banane 60

rissoles de bœuf et salade de betteraves 67

rouleaux

de dinde aux airelles 56

de jambon à la ricotta et au basilic 38

de poulet aux crudités 20

S

salade

brochettes de bœuf et salade grecque 99

césar 88

chaude de poulet tandoori 35

croquante au poulet 53

d'agrumes 82

de bœuf à la menthe et au concombre 62

de crevettes thaïe 80

de lentilles au thon et à la tomate 52

de pastèque aux framboises et aux airelles 64

de pâtes au saumon 94

de poulet au piment doux 95

de thon et de patate douce à l'orange 34

niçoise 24

poisson au sumac et salade de couscous 31

porc hoisin avec salade de cresson 76

rissoles de bœuf et salade de betteraves 67

rouleaux de poulet aux crudités 20

végétarienne chaude 48

waldorf au poulet 66

sandwich

à l'œuf et à la ciboulette 70

au poulet et au bacon 102

au thon, au céleri et à l'aneth 84

de rosbif au coleslaw 30

smoothie

à la banane et au fruit de la passion 86

aux fruits rouges 50

T

taboulé au thon 98

tartine de seigle au maïs et au fromage.............. 22

thon

salade de lentilles au thon et à la tomate 52

salade de thon et de patate douce à l'orange 34

salade niçoise 24

sandwich au thon, au céleri et à l'aneth 84

taboulé au thon.. 98

toast

à la ricotta et à la banane 60

à l'œuf et au bacon 108

marabout**chef**

TESTÉ 3 FOIS

Vous avez choisi "21 jours pour mincir", découvrez :

Et aussi :

ENTRE AMIS
Apéros & mini-bouchées
Best-of cakes !
Best-of verrines

RAPIDES
Recettes au micro-ondes
Recettes de filles
Salades pour changer

CUISINE DU MONDE
Recettes chinoises
À l'italienne
Cuisiner grec
Easy wok

CLASSIQUES
Pain maison
Grandes salades
Recettes de famille
Spécial pommes de terre
Pasta
Tartes, tourtes & Cie
Soupes

PRATIQUE
Recettes pour bébé
Cuisiner pour les petits
Cuisine miniprix
Spécial étudiant

SANTÉ
Desserts tout légers
Recettes détox
Recettes rapides et légères
Recettes pour diabétiques
Recettes anti-cholestérol
Recettes minceur
Recettes bien-être
Recettes végétariennes
Spécial légumes

GOURMANDISES
Les meilleurs desserts
Tout chocolat
Cupcakes, cookies & macaro

MARABOUT SE PRÉOCCUPE DE L'ENVIRONNEMENT

Nous utilisons des papiers composés de fibres naturelles, renouvelables et recyclables.

Les papiers qui composent ce livre sont fabriqués à partir de bois issus de forêts qui adoptent un système d'aménagement durable.

Nous attendons de nos fournisseurs de papier qu'ils s'inscrivent dans une démarche de certification environnementale reconnue.

Traduction : Christine Chareyre
Suivi éditorial : Natacha Kotchetkova
Correction : Clémentine Bougrat

Mise en pages : Les PAOistes

Hachette Livre (Marabout) – 43, quai de Grenelle – 75905 Paris CEDEX 15

© 2008 ACP Magazines Ltd
Publié pour la première fois en Australie sous le titre *The 21-Day Wonder Diet*.
© 2010 Hachette Livre (Marabout)

Dépôt légal : janvier 2010 / 40.5167.8 / ISBN : 978-2-501-06415-6
Édition 01/Imprimé en Espagne par Gráficas Estella.